시각장애인과 점자입문자를 위한

# 독학으로 익히는 점자

개정판

[개정] 한국 점자 규정(문화체육관광부고시 제2024-005호) 준용

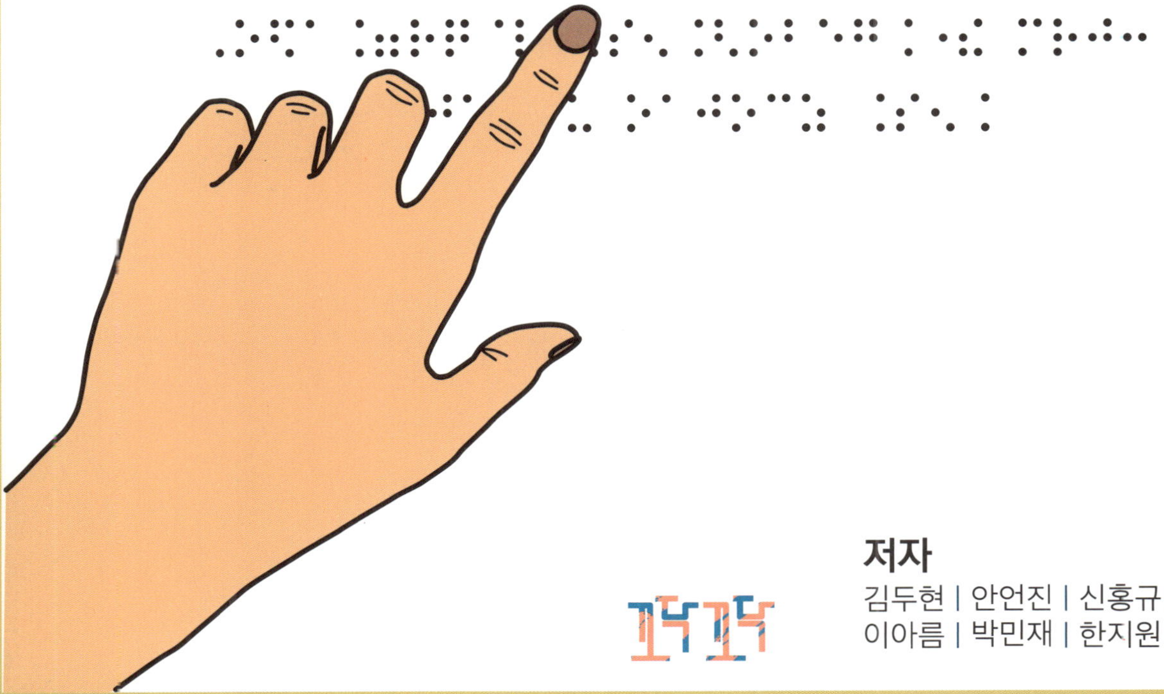

저자
김두현 | 안언진 | 신홍규 | 주홍식
이아름 | 박민재 | 한지원 | 이지희 공저

# | 목차

# | 머리말

점자를 배우고 싶어도 교재가 없어서 배우지 못하는 분들이 많아 점자 규정과 각 복지관에서 교육하는 점자 교재를 참고하여 점자를 혼자서도 쉽게 공부할 수 있도록 만들었습니다.

이 책은 2017년 한국 점자 규정에 근거하여 2020년에 처음 만들어졌고, 2024년 한국 점자 규정이 개정되면서 교재를 규정에 맞게 개편하였습니다. 이번 규정에서는 미비한 기호의 점형이 신설되었고, 하나의 묵자 기호에 여러 점형이 중복되지 않도록 조정되어, 정확한 정보를 제공할 수 있도록 개정되었습니다.

이 책은 점자의 이해와 한글 점자로 나뉘어 있습니다.

점자의 이해 편에서는 63개 점형 익히기, 점형 위치 연습하기, 헷갈리기 쉬운 점형으로 구성되어 있고 한글점자에서는 자음, 모음, 받침, 된소리글자, 문장부호, 숫자, 영어, 알파벳 등을 거기에 맞는 단어들로 설명을 하여 점자를 배우는 모든 분들께 도움이 될 수 있도록 구성하였습니다.

이 책이 점자를 공부하시는 여러분들께 조금이나마 도움이 되기를 바랍니다.

2024년 8월 저자일동

점자규격

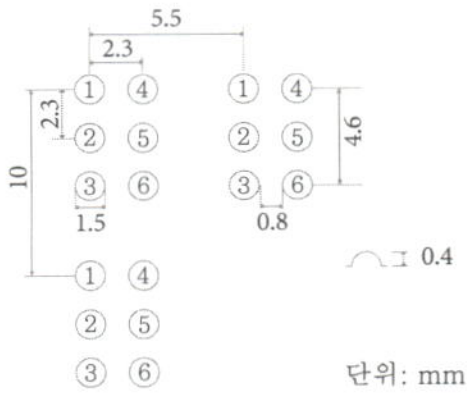


# 한글점자일람표

「한글 점자 규정 2024. 개정」

## 첫 소리로 쓰인 자음자

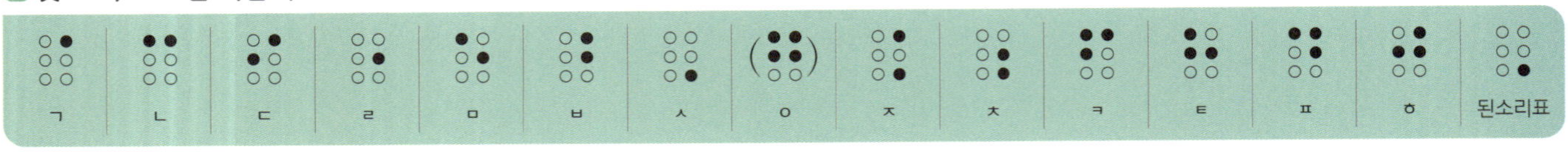


## 받침으로 쓰인 자음자

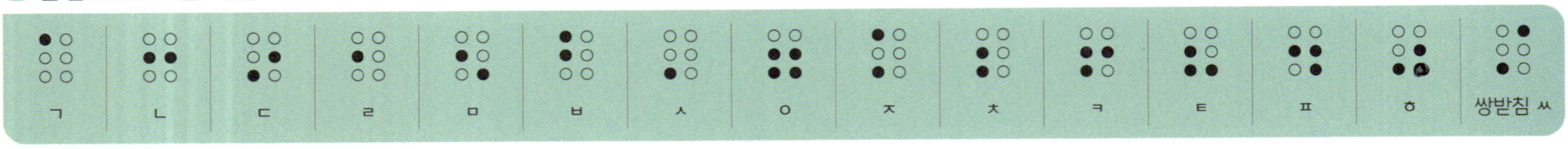


## 모음자

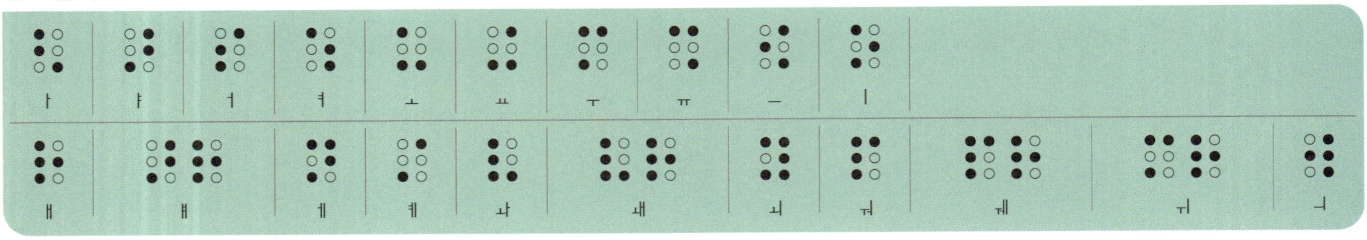


## 약자

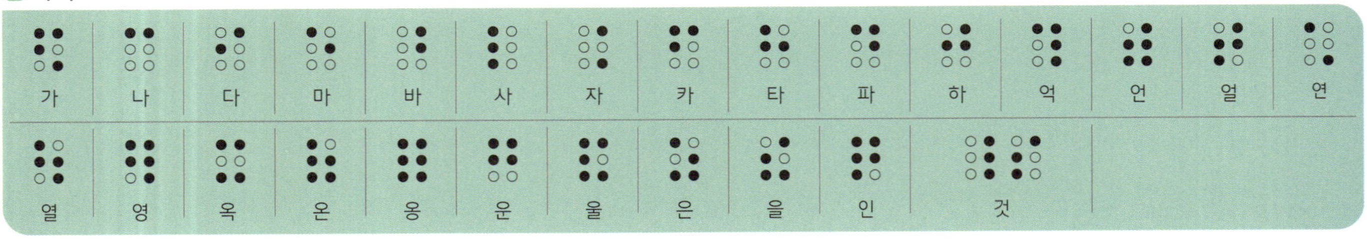


## 약어

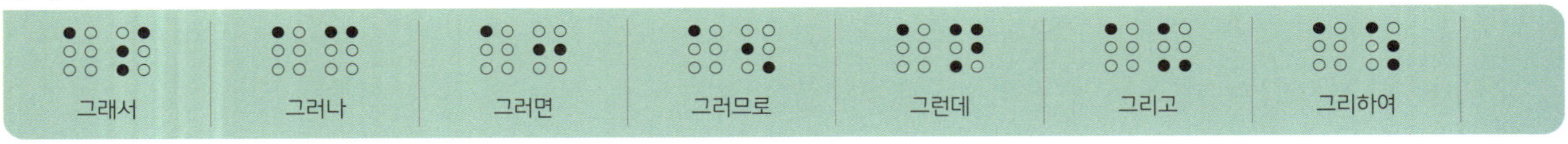


## 숫자

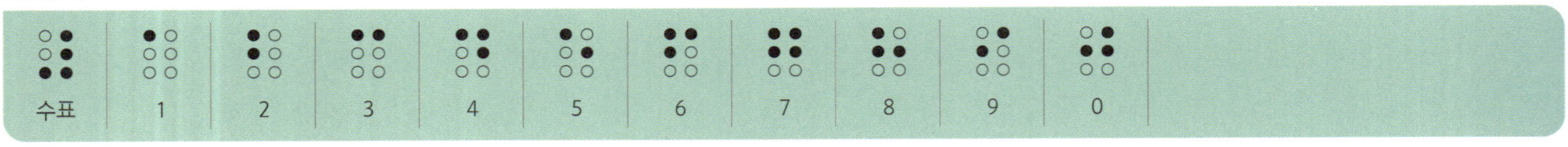


## 영어

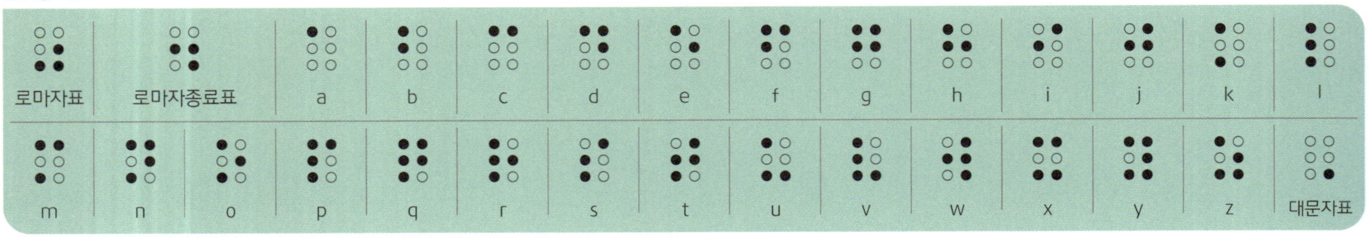


- 'ㅇ'이 첫소리로 쓰일 때에는 점자로 이를 표기하지 않는다.
- 된소리 글자 'ㄲ, ㄸ, ㅃ, ㅆ, ㅉ'이 첫소리로 쓰일 때에는 'ㄱ, ㄷ, ㅂ, ㅅ, ㅈ' 앞에 된소리표 (⠠)을 적어 나타낸다.,
- '나, 다, 마, 바, 자, 카, 타, 파, 하'에 모음이 붙어 나올 때에는 약자를 사용하지 않는다.
- '성, 썽, 정, 쩡, 청'을 적을 때에는 'ㅅ, ㅆ, ㅈ, ㅉ, ㅊ' 다음에 '영'의 약자 (⠻)을 적어 나타낸다.

## 문장 부호

| 부호 | 점자 |
| --- | --- |
| 마침표(.) | ⠲ |
| 물음표(?) | ⠦ |
| 느낌표(!) | ⠖ |
| 쉼표(,) | ⠐ |
| 붙임표(-) | ⠤ |
| 줄표(—) | ⠤⠤ |
| 물결표(~) | ⠈⠔ |
| 가운뎃점(·) | ⠐⠆ |
| 쌍점(:) | ⠐⠂ |
| 빗금(/) | ⠸⠌ |
| 큰따옴표(" ") | ⠦ ⠴ |
| 작은따옴표(' ') | ⠠⠦ ⠴⠄ |
| 소괄호( ( ) ) | ⠦⠄ ⠠⠴ |
| 중괄호( { } ) | ⠦⠂ ⠐⠴ |
| 대괄호 ( [ ] ) | ⠦⠆ ⠰⠴ |
| 홑낫표( 「 」 ) | ⠐⠦ ⠴⠂ |
| 겹낫표( 『 』 ) | ⠰⠦ ⠴⠆ |
| 홑화살괄호( 〈 〉 ) | ⠐⠶ ⠶⠂ |
| 겹화살괄호( 《 》 ) | ⠰⠶ ⠶⠆ |
| 줄임표(···) | ⠠⠠⠠ |

## 기타 부호

| 부호 | 점자 |
| --- | --- |
| 별표(*) | ⠐⠔ |
| 퍼센트(%) | ⠴⠏ |
| 골뱅이 기호(@) | ⠈⠁ |
| 캐럿(^) | ⠈⠢ |
| 숫자기호(#) | ⠸⠹ |
| 역빗금(\) | ⠸⠡ |
| 오른쪽 화살표(→) | ⠒⠕ |
| 왼쪽 화살표(←) | ⠪⠒ |
| 양쪽 화살표(↔) | ⠪⠒⠕ |
| 아래쪽 화살표(↓) | ⠘⠒⠕ |
| 위쪽 화살표(↑) | ⠰⠒⠕ |
| 세로선(\|) | ⠸⠳ |
| 아래선, 밑줄 빈칸(_) | ⠸⠤ |
| 네모 빈칸(□) | ⠸⠦ ⠴⠇ |
| 한글표 | ⠸⠷ ⠸⠾ |
| 아포스트로피 | ⠄ |

## 연산 및 비교 기호

| 부호 | 점자 |
| --- | --- |
| 덧셈표(+) | ⠢ |
| 뺄셈표(-) | ⠔ |
| 곱셈표(×) | ⠡ |
| 나눗셈표(÷) | ⠌⠌ |
| 등호(=) | ⠒⠒ |
| 보다 크다(>) | ⠢⠢ |
| 보다 작다(<) | ⠔⠔ |

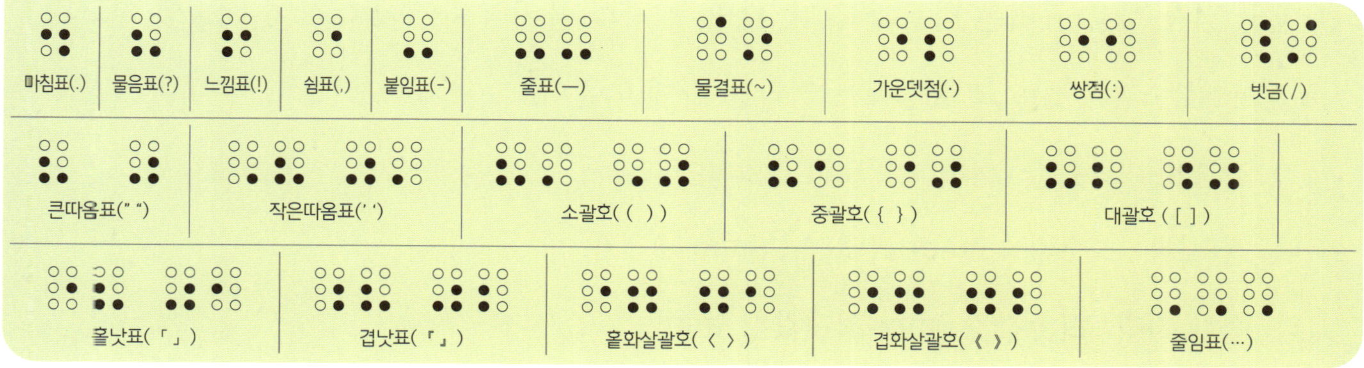

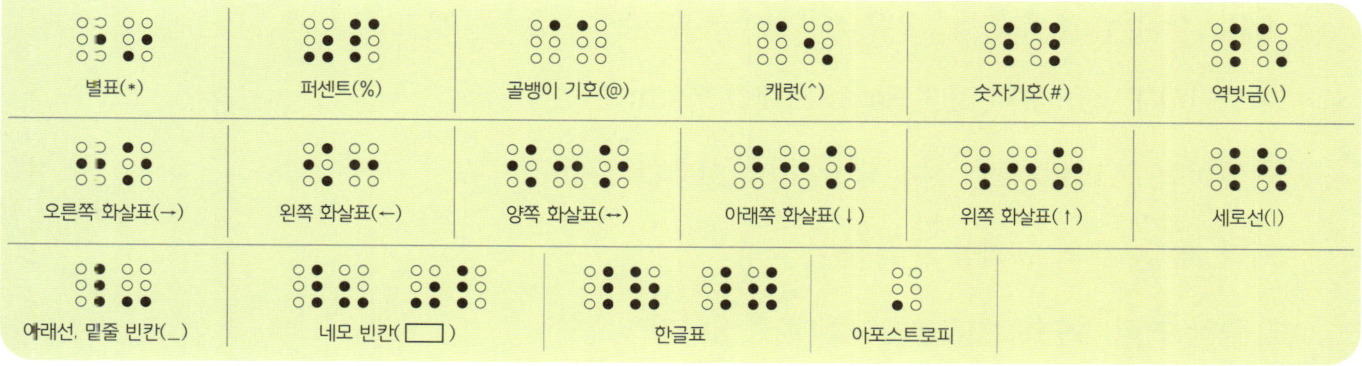

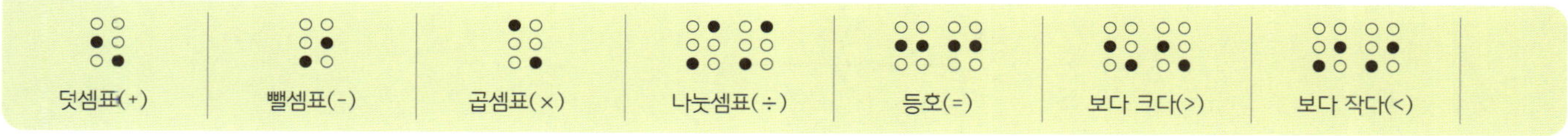

# [점자규격]

한국 점자 사용 규격은 다음과 같다. 다만, 점자의 물리적 규격에 대하여 대상별 별도의 규정이 있는 경우에는 그 규정에서 정하는 바에 따른다.

가. 점 높이: 최솟값 0.4mm 최댓값 0.9mm

나. 점 지름: 최솟값 1.5mm 최댓값 1.6mm

다. 점간 거리: 최솟값 2.3mm 최댓값 2.5mm

라. 자간 거리

종이, 스티커: 최솟값 5.5mm 최댓값 6.9mm

피브이시(PVC): 최솟값 5.5mm 최댓값 7.3mm

알루미늄, 스테인리스: 최솟값 5.5mm 최댓값 7.6mm

기타 재질: 위의 규격을 준용하여 사용

마. 줄간 거리: 최솟값 10.0mm 최댓값 정하지 않음

바. 점자 규격 그림(예시)

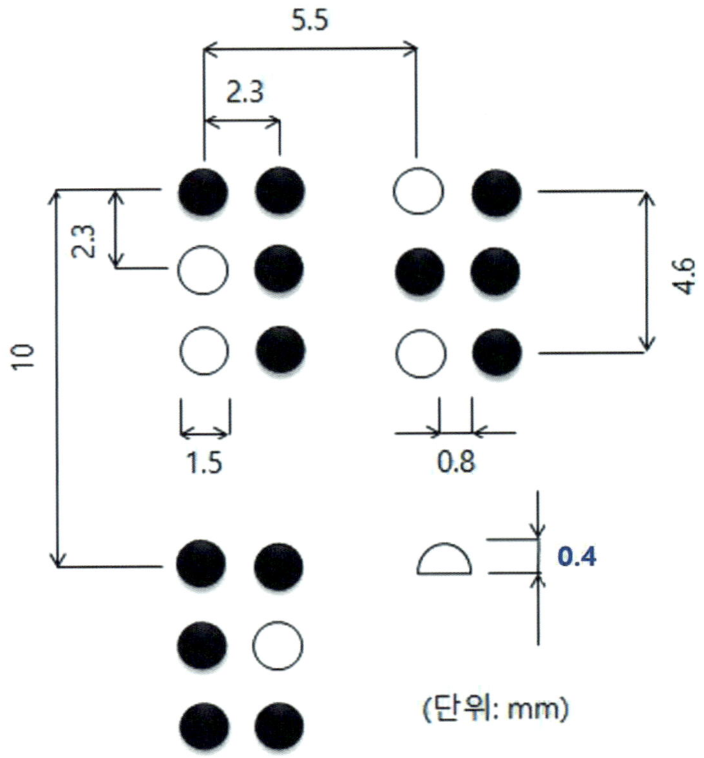

# I. 점자의 이해

## 1. 점자의 개요

1) 시각장애인들이 사용하는 글자를 일컬어 점자라 하고 비시각장애인들이 사용하는 글자를 가리켜 묵자라고 합니다.

2) 점자는 스페이스를 제외하고, 한 칸을 구성하는 점 여섯 개(세로 3개, 가로 2개)를 조합하여 만드는 63가지의 점형으로 구성되어 있으며, 한글과 영어·일본어 등 외국어, 수학, 음악 등을 표기할 수 있습니다.

3) 점자는 읽기 형과 쓰기 형으로 나누는데 읽기 형은 왼쪽 위부터 1-2-3, 오른쪽 위부터 4-5-6점으로 나타냅니다. 또 쓰기 형은 오른쪽 위부터 1-2-3, 왼쪽 위부터 4-5-6점으로 나타냅니다.

| 읽기형 | | 쓰기형 | |
|---|---|---|---|
| ① | ④ | ④ | ① |
| ② | ⑤ | ⑤ | ② |
| ③ | ⑥ | ⑥ | ③ |

# 2. 점형 소개

점형은 스페이스를 제외하고 63개의 점형으로 구성되어 있습니다.

## 1) 63개 점형 익히기

(1) 1개짜리 점형: 6개

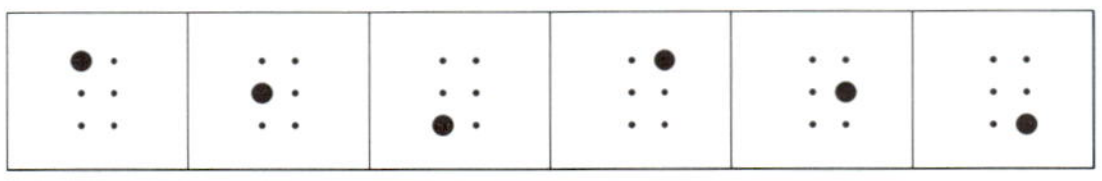

(2) 2개짜리 점형: 15개

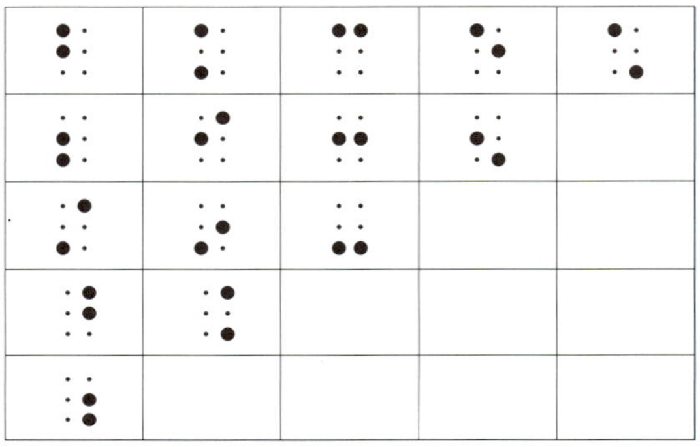

(3) 3개짜리 점형: 20개

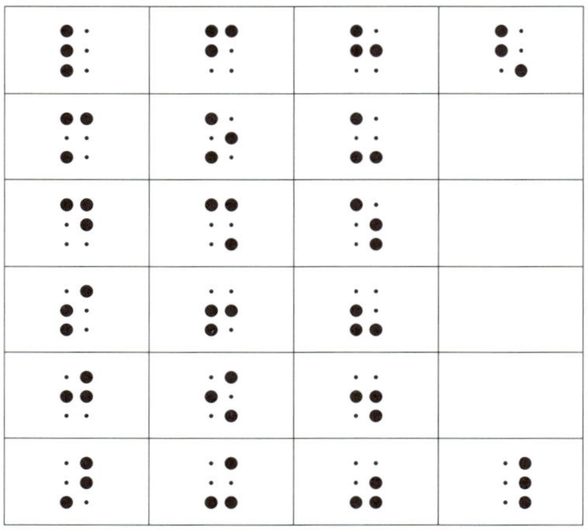

(4) 4개짜리 점형: 15개

| | | | |
|---|---|---|---|
| ⠏ | ⠗ | ⠧ | |
| ⠛ | ⠫ | ⠳ | |
| ⠝ | ⠭ | ⠵ | ⠹ |
| ⠞ | ⠮ | ⠶ | |
| ⠺ | ⠼ | | |

(5) 5개짜리 점형: 6개

| | | | |
|---|---|---|---|
| ⠟ | ⠯ | ⠷ | ⠻ |
| ⠽ | ⠾ | | |

(6) 6개짜리 점형: 1개

| |
|---|
| ⠿ |

# Ⅱ. 한글 점자

## 1. 기본 모음자

| ㅏ | ㅑ | ㅓ | ㅕ | ㅗ | ㅛ | ㅜ | ㅠ | ㅡ | ㅣ |
|---|---|---|---|---|---|---|---|---|---|
| ⠣ | ⠜ | ⠎ | ⠱ | ⠥ | ⠬ | ⠍ | ⠩ | ⠪ | ⠕ |

(ㅏ, ㅑ), (ㅓ, ㅕ), (ㅡ, ㅣ)는 합치면 온표(⠿ 1-2-3-4-5-6점)가 완성됩니다.

즉 'ㅏ'가 (⠣ 1-2-6점)이므로 'ㅑ'는 나머지 (⠜ 3-4-5점)을 씁니다.

그리고 'ㅓ'가 (⠎ 2-3-4점)이므로 'ㅕ'는 나머지 (⠱ 1-5-6점)을 씁니다.

또한 'ㅡ'가 (⠪ 2-4-6점)이므로 'ㅣ'는 나머지 (⠕ 1-3-5점)을 씁니다.

'ㅗ'와 'ㅛ', 'ㅜ'와 'ㅠ'는 윗점과 아랫점만 변경됩니다.

즉 'ㅗ'는 (⠥ 1-3-6점)인데 'ㅛ'는 (⠤ 3-6점)을 그대로 두고 1점이 4점으로만 바뀝니다.

따라서 'ㅗ'는 (⠥ 1-3-6점), 'ㅛ'는 (⠬ 3-4-6점)이 됩니다.

또한 'ㅜ'는 (⠍ 1-3-4점)인데 'ㅠ'는 (⠉ 1-4점)을 그대로 두고 3점이 6점으로만 바뀝니다.

따라서 'ㅜ'는 (⠍ 1-3-4점), 'ㅠ'는 (⠩ 1-4-6점)이 됩니다.

| | | | | | |
|---|---|---|---|---|---|
| 아야 | ⠣⠜ | 아이 | ⠣⠕ | 어유 | ⠎⠩ |
| 여우 | ⠱⠍ | 오이 | ⠥⠕ | 여유 | ⠱⠩ |
| 우유 | ⠍⠩ | | | | |

## 2. 자음자 첫소리 글자

| 자음자 | ㄱ | ㄴ | ㄷ | ㄹ | ㅁ | ㅂ | ㅅ | ㅇ | ㅈ | ㅊ | ㅋ | ㅌ | ㅍ | ㅎ |
|---|---|---|---|---|---|---|---|---|---|---|---|---|---|---|
| 첫소리 글자 | ⠈ | ⠉ | ⠊ | ⠐ | ⠑ | ⠘ | ⠠ | (⠛) | ⠨ | ⠰ | ⠋ | ⠓ | ⠙ | ⠚ |

초성 'ㅇ'은 (⠛ 1-2-4-5점)인데 첫소리 자리에 쓰일 때에는 이를 표기하지 않으며 첫소리 자리에 쓰인 'ㅇ'을 표기하고자 할 때에만 (⠛ 1-2-4-5점)으로 적습니다.
따라서 초성 'ㅇ'은 쓰지 않고 받침으로만 쓴다고 생각하면 됩니다.

---

자음자 첫소리 글자에서 'ㄱ', 'ㄴ', 'ㄷ'은 4점을 기준점으로 놓고 1점과 2점이 움직이는 형태입니다.

'ㄱ'은 (⠈ 4점), 'ㄴ'은 4점에서 1점을 추가하여 (⠉ 1-4점), 'ㄷ'은 4점에서 2점을 추가하여 (⠊ 2-4점)으로 나타냅니다.

---

또 자음자 첫소리 글자에서 'ㄹ', 'ㅁ', 'ㅂ'은 5점을 기준점으로 놓고 1점과 4점이 움직이는 형태입니다.

'ㄹ'은 (⠐ 5점), 'ㅁ'은 5점에서 1점을 추가하여 (⠑ 1-5점), 'ㅂ'은 5점에서 4점을 추가하여 (⠘ 4-5점)으로 나타냅니다.

---

또한 자음자 첫소리 글자에서 'ㅅ', 'ㅈ', 'ㅊ'은 6점을 기준점으로 놓고 4점과 5점이 움직이는 형태입니다.

'ㅅ'은 (⠠ 6점), 'ㅈ'은 6점에서 4점을 추가하여 (⠨ 4-6점), 'ㅊ'은 6점에서 5점을 추가하여 (⠰ 5-6점)으로 나타냅니다.

---

또 'ㅋ', 'ㅌ', 'ㅍ', 'ㅎ'은 6개 점 중에서 3, 6점을 제외한 4개 점 즉, (⠛ 1-2-4-5점) 중 한 개의 점을 빼서 만든 점형입니다.

'ㅋ'은 1-2-4-5점 중 5점을 뺀 (⠋1-2-4점)이고 'ㅌ'은 1-2-4-5점 중 4점을 뺀 (⠓ 1-2-5점)이며 'ㅍ'은 1-2-4-5점 중 2점을 뺀 (⠙ 1-4-5점)이고 'ㅎ'은 1-2-4-5점 중 1점을 뺀 (⠚ 2-4-5점)입니다.

초성 자음에 모음을 붙여 쓰면 다음과 같습니다.

| 가 | 갸 | 거 | 겨 | 고 | 교 | 구 | 규 | 그 | 기 |
|---|---|---|---|---|---|---|---|---|---|
| ⠈⠣ | ⠈⠜ | ⠈⠎ | ⠈⠱ | ⠈⠥ | ⠈⠬ | ⠈⠍ | ⠈⠩ | ⠈⠪ | ⠈⠕ |

나머지 자음도 이와 같은 형태로 적습니다.

### ㄱ

| | | | |
|---|---|---|---|
| 거미 | ⠈⠎⠑⠕ | 거리 | ⠈⠎⠐⠕ |
| 거머리 | ⠈⠎⠑⠎⠐⠕ | 겨우 | ⠈⠱⠍ |
| 고도 | ⠈⠥⠊⠥ | 고기 | ⠈⠥⠈⠕ |
| 고리 | ⠈⠥⠐⠕ | 교류 | ⠈⠬⠐⠩ |
| 구두 | ⠈⠍⠊⠍ | 규수 | ⠈⠩⠠⠍ |
| 그루 | ⠈⠪⠐⠍ | 기도 | ⠈⠕⠊⠥ |
| 기차 | ⠈⠕⠰⠣ | | |

### ㄴ

| | | | |
|---|---|---|---|
| 너구리 | ⠉⠎⠈⠍⠐⠕ | 노고 | ⠉⠥⠈⠥ |
| 노루 | ⠉⠥⠐⠍ | 노드 | ⠉⠥⠊⠪ |
| 누구 | ⠉⠍⠈⠍ | 누더기 | ⠉⠍⠊⠎⠈⠕ |
| 누수 | ⠉⠍⠠⠍ | 누이 | ⠉⠍⠕ |
| 뉴스 | ⠉⠩⠠⠪ | 니트 | ⠉⠕⠓⠪ |

## ㄷ

| | | | |
|---|---|---|---|
| 더미 |  | 도로 |  |
| 도리 |  | 도서 |  |
| 도피처 |  | 두루미 |  |

## ㄹ

| | | | |
|---|---|---|---|
| 라디오 |  | 로터리 |  |
| 루머 |  | | |

## ㅁ

| | | | |
|---|---|---|---|
| 머리 |  | 며느리 |  |
| 모기 |  | 모녀 |  |
| 묘비 |  | 무기 |  |
| 무리 |  | 미녀 |  |
| 미수 |  | | |

## ㅂ

| | | | |
|---|---|---|---|
| 버그 |  | 보고 |  |
| 보류 |  | 보리 | 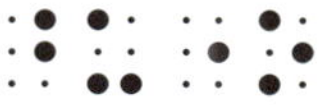 |
| 부두 |  | 비교 |  |
| 비누 |  | 비료 |  |
| 비켜 |  | | |

## ㅅ

| | | | |
|---|---|---|---|
| 서리 | ⠠⠎⠐⠕ | 소수 | ⠠⠥⠠⠍ |
| 소시지 | ⠠⠥⠠⠕⠨⠕ | 수도 | ⠠⠍⠊⠥ |
| 슈퍼 | ⠠⠩⠙⠎ | 스키 | ⠠⠪⠋⠕ |
| 시소 | ⠠⠕⠠⠥ | | |

## ㅇ

| | | | |
|---|---|---|---|
| 아버지 | ⠣⠘⠎⠨⠕ | 야구 | ⠜⠈⠍ |
| 야호 | ⠜⠚⠥ | 어머니 | ⠎⠑⠎⠉⠕ |
| 여주 | ⠱⠨⠍ | 오디오 | ⠥⠊⠕⠥ |
| 요구 | ⠬⠈⠍ | 요리 | ⠬⠐⠕ |
| 우주 | ⠍⠨⠍ | 유리 | ⠩⠐⠕ |
| 으스스 | ⠪⠠⠪⠠⠪ | 이야기 | ⠕⠜⠈⠕ |

## ㅈ

| | | | |
|---|---|---|---|
| 저기 | ⠨⠎⠈⠕ | 저주 | ⠨⠎⠨⠍ |
| 조미료 | ⠨⠥⠑⠕⠐⠬ | 주머니 | ⠨⠍⠑⠎⠉⠕ |
| 주소 | ⠨⠍⠠⠥ | 주스 | ⠨⠍⠠⠪ |
| 주조 | ⠨⠍⠨⠥ | 지구 | ⠨⠕⠈⠍ |

## ㅊ

| | | | |
|---|---|---|---|
| 차이 | ⠰⠣⠕ | 처서 | ⠰⠎⠠⠎ |
| 초고 | ⠰⠥⠈⠥ | 추수 | ⠰⠍⠠⠍ |
| 치료 | ⠰⠕⠐⠬ | 치즈 | ⠰⠕⠨⠪ |

## ㅋ

| | | | |
|---|---|---|---|
| 커피 | ⠋⠎⠙⠕ | 코스 | ⠋⠥⠠⠪ |
| 쿠키 | ⠋⠍⠋⠕ | 크기 | ⠋⠪⠈⠕ |

## ㅌ

| | | | |
|---|---|---|---|
| 터치 | ⠓⠎⠰⠕ | 토스 | ⠓⠥⠠⠪ |
| 토지 | ⠓⠥⠨⠕ | 투고 | ⠓⠍⠈⠥ |
| 투구 | ⠓⠍⠈⠍ | 티셔츠 | ⠓⠕⠠⠱⠰⠪ |

## ㅍ

| | | | |
|---|---|---|---|
| 포기 | ⠙⠥⠈⠕ | 포도주 | ⠙⠥⠊⠥⠨⠍ |
| 표시 | ⠙⠬⠠⠕ | 프로 | ⠙⠪⠐⠥ |
| 피리 | ⠙⠕⠐⠕ | | |

## ㅎ

| | | | |
|---|---|---|---|
| 허수 | ⠚⠎⠠⠍ | 호미 | ⠚⠥⠑⠕ |
| 효녀 | ⠚⠬⠉⠱ | 효도 | ⠚⠬⠊⠥ |
| 후추 | ⠚⠍⠰⠍ | 후미 | ⠚⠍⠑⠕ |
| 휴지 | ⠚⠩⠨⠕ | | |

# 3. 자음자 받침 글자

| 자음자 | ㄱ | ㄴ | ㄷ | ㄹ | ㅁ | ㅂ | ㅅ | ㅇ | ㅈ | ㅊ | ㅋ | ㅌ | ㅍ | ㅎ |
|---|---|---|---|---|---|---|---|---|---|---|---|---|---|---|
| 받침 글자 | ⠁ | ⠒ | ⠔ | ⠂ | ⠢ | ⠃ | ⠄ | ⠶ | ⠅ | ⠆ | ⠖ | ⠦ | ⠲ | ⠴ |

자음자 받침 글자는 자음 첫소리 글자를 옆으로 쓸 수 있으면 옆으로 쓰고 옆으로 쓸 수 없으면 밑으로 내려 씁니다.

'ㄱ'(⠈ 4점)은 4점을 옆으로 옮길 수 있으므로 1점으로 씁니다. 따라서 'ㄱ' 받침은 (⠁ 1점)입니다.

'ㄴ'(⠉ 1-4점)은 1-4점을 옆으로 옮기는 것이 불가능하므로 1-4점을 바로 밑단인 2-5점으로 씁니다. 따라서 'ㄴ' 받침은 (⠒ 2-5점)입니다.

'ㄷ'(⠊ 2-4점)은 2-4점을 옆으로 옮기는 것이 불가능하므로 2-4점을 바로 밑단인 3-5점으로 씁니다. 따라서 'ㄷ' 받침은 (⠔ 3-5점)입니다.

'ㄹ'(⠐ 5점)은 5점을 옆으로 옮길 수 있으므로 2점으로 씁니다. 따라서 'ㄹ' 받침은 (⠂ 2점)입니다.

'ㅁ'(⠑ 1-5점)은 1-5점을 옆으로 옮기는 것이 불가능하므로 1-5점을 바로 밑단인 2-6점으로 씁니다. 따라서 'ㅁ' 받침은 (⠢ 2-6점)입니다.

'ㅂ'(⠘ 4-5점)은 4-5점을 옆으로 옮길 수 있으므로 1-2점으로 씁니다. 따라서 'ㅂ' 받침은 (⠃ 1-2점)입니다.

'ㅅ'(⠠ 6점)은 6점을 옆으로 옮길 수 있으므로 3점으로 씁니다. 따라서 'ㅅ' 받침은 (⠄ 3점)입니다.

'ㅇ'은 초성 'ㅇ'을 표기할 때 (⠛ 1-2-4-5점)입니다. 1-2-4-5점을 옆으로 옮기는 것이 불가능하므로 1-2-4-5점을 바로 밑단인 2-3-5-6점으로 씁니다. 따라서 'ㅇ' 받침은 (⠶ 2-3-5-6점)입니다.

‘ㅈ’(⠨ 4-6점)은 4-6점을 옆으로 옮길 수 있으므로 1-3점으로 씁니다. 다라서 ‘ㅈ’ 받침은 (⠅ 1-3점)입니다.

‘ㅊ’(⠰ 5-6점)은 5-6점을 옆으로 옮길 수 있으므로 2-3점으로 씁니다. 따라서 ‘ㅊ’ 받침은 (⠆ 2-3점)입니다.

‘ㅋ’(⠋ 1-2-4점)은 1-2-4점을 옆으로 옮기는 것이 불가능하므로 1-2-4점을 바로 밑단인 2-3-5점으로 씁니다. 따라서 ‘ㅋ’ 받침은 (⠖ 2-3-5점)입니다.

‘ㅌ’(⠓ 1-2-5점)은 1-2-5점을 옆으로 옮기는 것이 불가능하므로 1-2-5점을 바로 밑단인 2-3-6점으로 씁니다. 따라서 ‘ㅌ’ 받침은 (⠦ 2-3-6점)입니다.

‘ㅍ’(⠙ 1-4-5점)은 1-4-5점을 옆으로 옮기는 것이 불가능하므로 1-4-5점을 바로 밑단인 2-5-6점으로 씁니다. 따라서 ‘ㅍ’ 받침은 (⠲ 2-5-6점)입니다.

‘ㅎ’(⠚ 2-4-5점)은 2-4-5점을 옆으로 옮기는 것이 불가능하므로 2-4-5점을 바로 밑단인 3-5-6점으로 씁니다. 따라서 ‘ㅎ’ 받침은 (⠴ 3-5-6점)입니다.

초성 자음에 모음과 받침을 붙여 쓰면 다음과 같습니다.

| | | | | | | |
|---|---|---|---|---|---|---|
| 각 | 난 | 닫 | 랄 | 맘 | 밥 | 삿 |
| ⠈⠣⠁ | ⠉⠣⠒ | ⠊⠣⠔ | ⠐⠣⠂ | ⠑⠣⠢ | ⠘⠣⠃ | ⠠⠣⠄ |
| 앙 | 잦 | 찿 | 캌 | 탙 | 팦 | 핳 |
| ⠣⠶ | ⠨⠣⠅ | ⠰⠣⠆ | ⠋⠣⠖ | ⠓⠣⠦ | ⠙⠣⠲ | ⠚⠣⠴ |

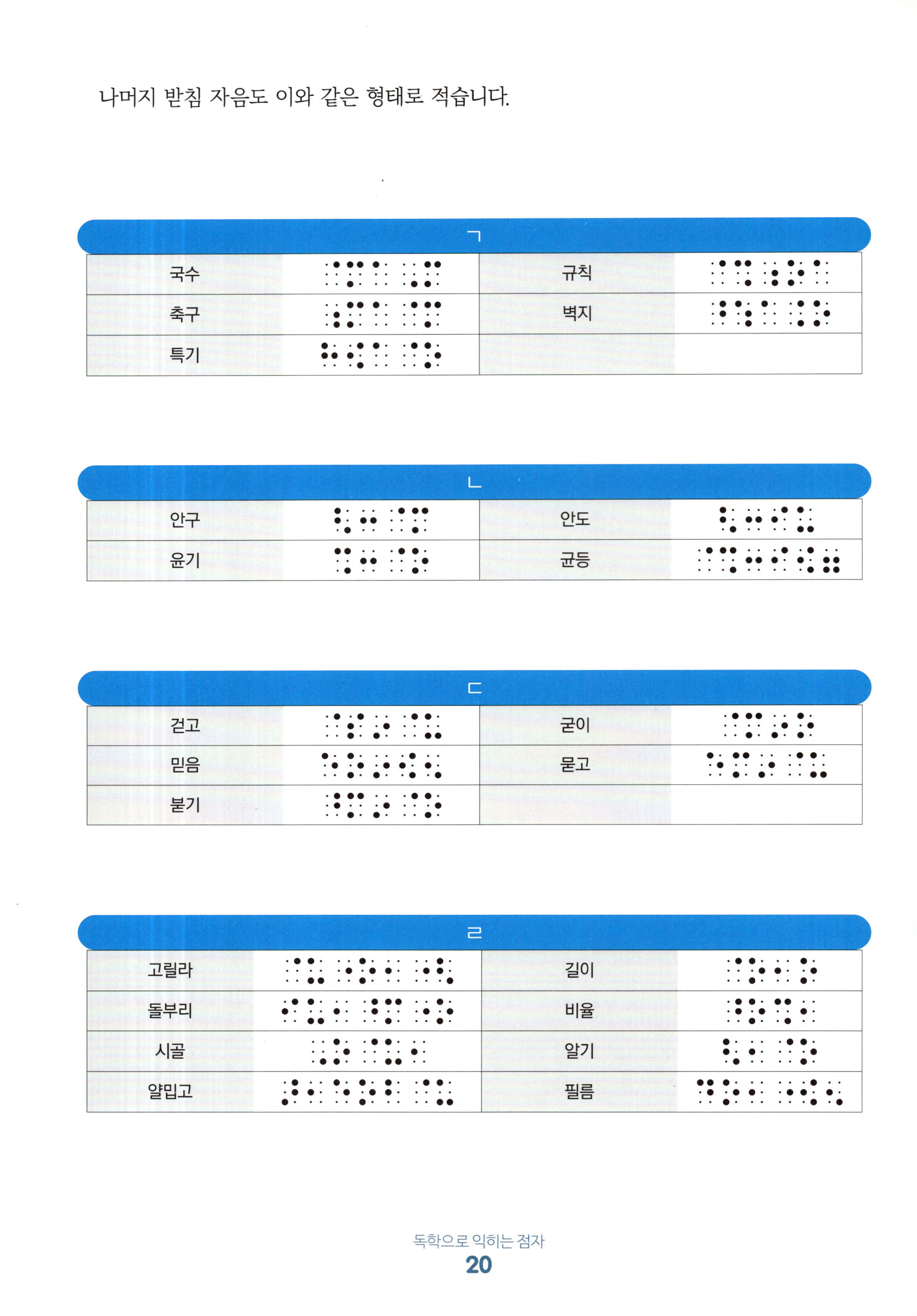

나머지 받침 자음도 이와 같은 형태로 적습니다.

## ㄱ

| | | | |
|---|---|---|---|
| 국수 | | 규칙 | |
| 축구 | | 벽지 | |
| 특기 | | | |

## ㄴ

| | | | |
|---|---|---|---|
| 안구 | | 안도 | |
| 윤기 | | 균등 | |

## ㄷ

| | | | |
|---|---|---|---|
| 걷고 | | 굳이 | |
| 믿음 | | 묻고 | |
| 붙기 | | | |

## ㄹ

| | | | |
|---|---|---|---|
| 고릴라 | | 길이 | |
| 돌부리 | | 비율 | |
| 시골 | | 알기 | |
| 얄밉고 | | 필름 | |

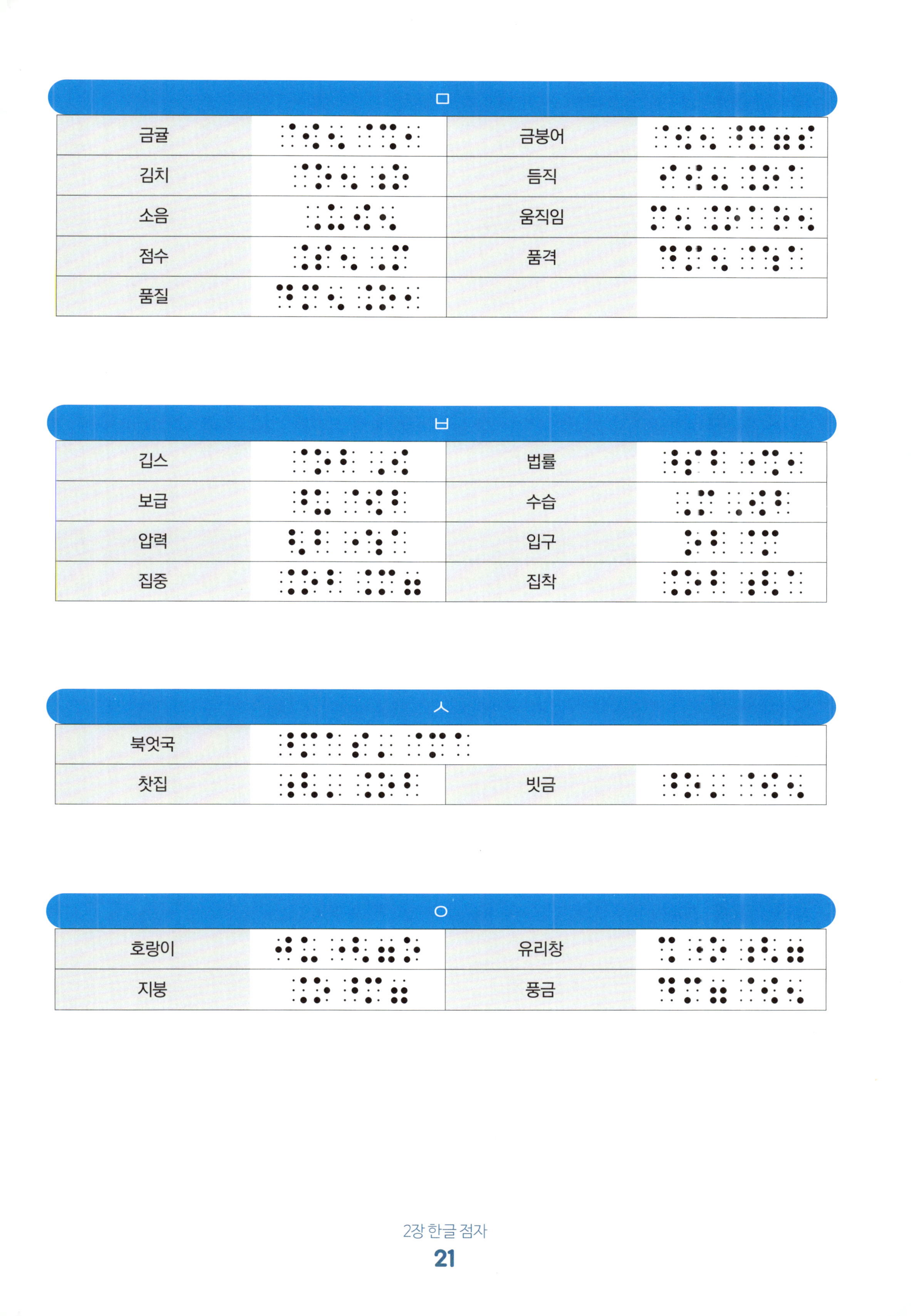

## ㅁ

| | | | |
|---|---|---|---|
| 금귤 | | 금붕어 | |
| 김치 | | 듬직 | |
| 소음 | | 움직임 | |
| 점수 | | 품격 | |
| 품질 | | | |

## ㅂ

| | | | |
|---|---|---|---|
| 깁스 | | 법률 | |
| 보급 | | 수습 | |
| 압력 | | 입구 | |
| 집중 | | 집착 | |

## ㅅ

| | | | |
|---|---|---|---|
| 북엇국 | | | |
| 찻집 | | 빗금 | |

## ㅇ

| | | | |
|---|---|---|---|
| 호랑이 | | 유리창 | |
| 지붕 | | 풍금 | |

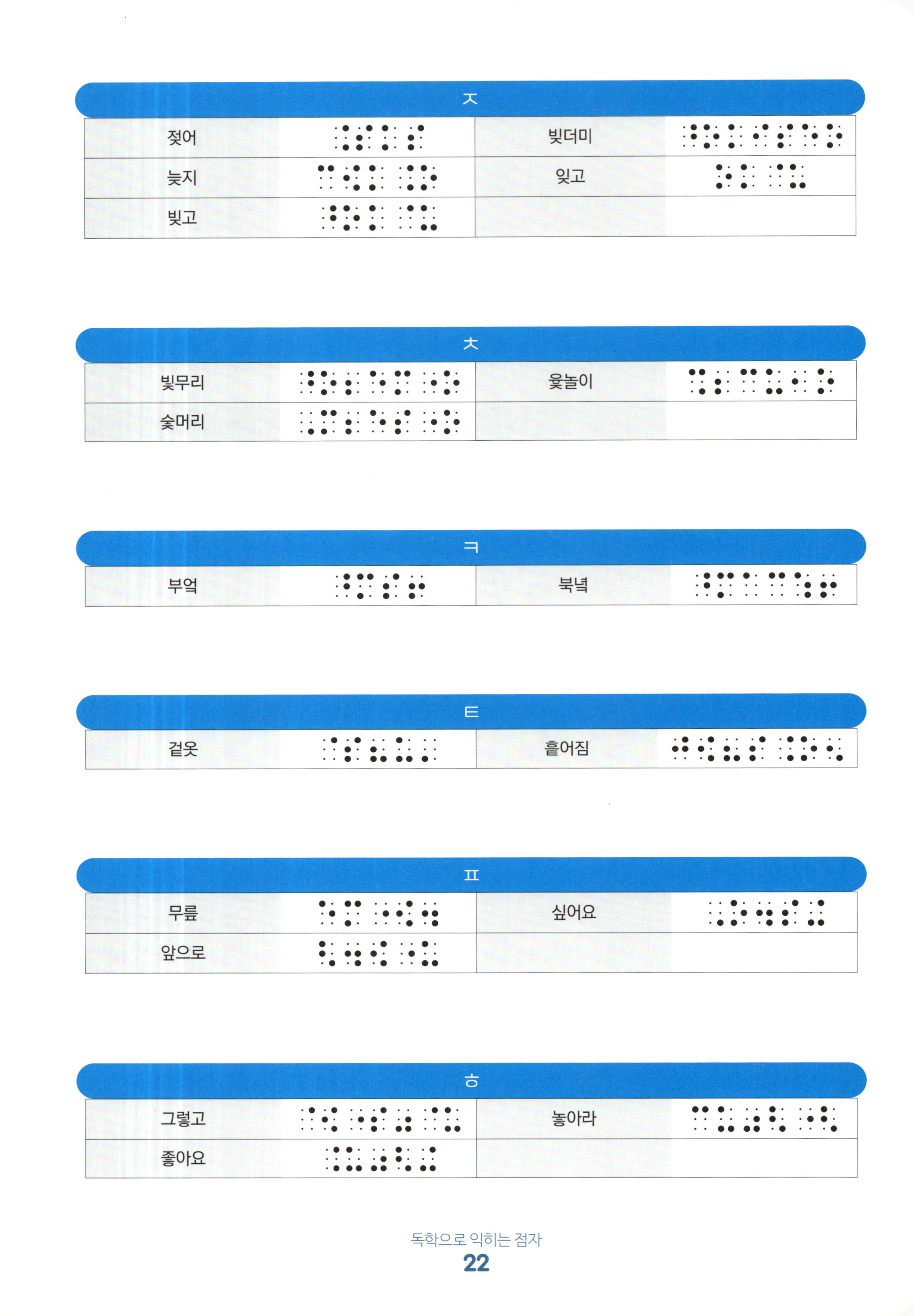

## ㅈ

| | | | |
|---|---|---|---|
| 젖어 | | 빚더미 | |
| 늦지 | | 잊고 | |
| 빚고 | | | |

## ㅊ

| | | | |
|---|---|---|---|
| 빛무리 | | 윷놀이 | |
| 숯머리 | | | |

## ㅋ

| | | | |
|---|---|---|---|
| 부엌 | | 북녘 | |

## ㅌ

| | | | |
|---|---|---|---|
| 겉옷 | | 흩어짐 | |

## ㅍ

| | | | |
|---|---|---|---|
| 무릎 | | 싶어요 | |
| 앞으로 | | | |

## ㅎ

| | | | |
|---|---|---|---|
| 그렇고 | | 놓아라 | |
| 좋아요 | | | |

## 4. 딴이(ㅣ)와 그 밖의 모음

| ㅐ | ㅒ | ㅔ | ㅖ | ㅘ | ㅙ | ㅚ | ㅝ | ㅞ | ㅟ | ㅢ |
|---|---|---|---|---|---|---|---|---|---|---|
| ⠗ | ⠜⠗ | ⠝ | ⠌ | ⠧ | ⠧⠗ | ⠽ | ⠏ | ⠏⠗ | ⠍⠗ | ⠺ |

딴이란 다른 모음에 붙는 한글 자모 ‘ㅣ’를 이르는 말입니다. ‘아, 야, 어, 여, 오, 와, 우, 워, 으’ 따위에 ‘ㅣ’가 붙어서 ‘애, 얘, 에, 예, 외, 왜, 위, 웨, 의’가 될 때 ‘ㅣ’를 이르는 말입니다.

(⠗ 1-2-3-5점)은 딴이의 개념으로도 쓰고 ‘ㅏ’에 딴이가 붙은 ‘ㅐ’의 개념으로도 씁니다. 따라서 ‘ㅏ + ㅣ’는 (⠣⠗ 1-2-6점에 1-2-3-5점)을 쓰는 것이 아니라 (⠗ 1-2-3-5점)만을 씁니다.

‘ㅒ’는 ‘ㅑ’에 딴이가 붙은 형태로 (⠜ 3-4-5점)인 ‘ㅑ’와 딴이(⠗ 1-2-3-5점)를 붙여서 ‘ㅒ’는 (⠜⠗ 3-4-5점에 1-2-3-5점)으로 씁니다.

‘ㅔ’는 ‘ㅓ’에 딴이가 붙은 형태로 ‘ㅓ’(⠎ 2-3-4점)에 딴이(⠗ 1-2-3-5점)를 써야 하지만 ‘ㅔ’는 (⠝ 1-3-4-5점)으로 따로 씁니다.

‘ㅖ’도 ‘ㅕ’에 딴이가 붙은 형태로 ‘ㅕ’(⠱ 1-5-6점)에 딴이(⠗ 1-2-3-5점)를 써야 하지만 ‘ㅖ’는 (⠌ 3-4점)으로 따로 씁니다.

‘ㅘ’는 ‘ㅗ’(⠥ 1-3-6점)와 ‘ㅏ’(⠣ 1-2-6점)가 합쳐진 형태로 ‘ㅘ’는 (⠧ 1-2-3-6점)으로 씁니다.

‘ㅙ’는 ‘ㅘ’에 딴이가 붙은 형태로 (⠧ 1-2-3-6점)인 ‘ㅘ’와 딴이(⠗ 1-2-3-5점)를 붙여서 ‘ㅙ’는 (⠧⠗ 1-2-3-6점에 1-2-3-5점)으로 씁니다.

‘ㅚ’는 ‘ㅗ’에 딴이가 붙은 형태로 ‘ㅗ’(⠥ 1-3-6점)에 딴이(⠗ 1-2-3-5점)를 써야 하지만 ‘ㅚ’는 (⠽ 1-3-4-5-6점)으로 따로 씁니다.

‘ㅝ’는 ‘ㅜ’(⠍ 1-3-4점)와 ‘ㅓ’(⠎ 2-3-4점)가 합쳐진 형태로 ‘ㅝ’는 (⠏ 1-2-3-4점)으로 씁니다.

‘ㅞ’는 ‘ㅝ’에 딴이가 붙은 형태로 (⠏ 1-2-3-4점)인 ‘ㅝ’와 딴이(⠗ 1-2-3-5점)를 붙여서 ‘ㅞ’는 (⠏⠗ 1-2-3-4점에 1-2-3-5점)으로 씁니다.

‘ㅟ’는 ‘ㅜ’에 딴이가 붙은 형태로 (⠍ 1-3-4점)인 ‘ㅜ’와 딴이(⠗ 1-2-3-5점)를 붙여서 ‘ㅟ’는 (⠍⠗ 1-3-4점에 1-2-3-5점)으로 씁니다.

‘ㅢ’는 ‘ㅡ’에 딴이가 붙은 형태로 ‘ㅡ’(⠪ 2-4-6점)에 딴이(⠗ 1-2-3-5점)를 써야 하지만 ‘ㅢ’는 (⠺ 2-4-5-6점)으로 따로 씁니다.

※ ‘ㅑ, ㅘ, ㅜ, ㅝ’에 ‘ㅐ’가 이어 나올 때에는
그 사이에 붙임표(⠤ 3-6점)를 적어 나타냅니다.

· **야애** ‘ㅑ’(⠜ 3-4-5점) 붙임표(⠤ 3-6점) ‘ㅐ’(⠗ 1-2-3-5점)
· **소화액** 소(⠠⠥ 6점, 1-3-6점) 화(⠚⠧ 2-4-5점, 1-2-3-6점) 붙임표(⠤ 3-6점), 액(⠗⠁ 1-2-3-5점, 1점)
· **구애** 구(⠈⠍ 4점, 1-3-4점) 붙임표(⠤ 3-6점) ‘ㅐ’(⠗ 1-2-3-5점)

[다만] 그 사이에서 줄이 바뀔 때에는 붙임표를 적지 않습니다.

초성 자음에 그 밖의 모음을 붙여 쓰면 다음과 같습니다.

| 개 | 걔 | 게 | 계 | 과 | 괘 |
|---|---|---|---|---|---|
| ⠈⠗ | ⠈⠜⠗ | ⠈⠝ | ⠈⠌ | ⠈⠧ | ⠈⠧⠗ |
| **괴** | **궈** | **귀** | **궤** | **긔** | |
| ⠈⠽ | ⠈⠏ | ⠈⠍⠗ | ⠈⠏⠗ | ⠈⠺ | |

나머지 자음도 이와 같은 형태로 적습니다.

## ㅐ

| | | | |
|---|---|---|---|
| 개구리 | ⠈⠗⠈⠍⠐⠕ | 개미 | ⠈⠗⠑⠕ |
| 매미 | ⠑⠗⠑⠕ | 냉이 | ⠉⠗⠶⠕ |
| 대접 | ⠊⠗⠨⠎⠃ | 미래 | ⠑⠕⠐⠗ |
| 배구 | ⠘⠗⠈⠍ | 배지 | ⠘⠗⠨⠕ |
| 새우 | ⠠⠗⠍ | 색시 | ⠠⠗⠁⠠⠕ |
| 소액환 | ⠠⠥⠗⠁⠚⠧⠒ | 승객 | ⠠⠪⠶⠈⠗⠁ |
| 안내 | ⠣⠒⠉⠗ | 야채 | ⠜⠰⠗ |
| 옷소매 | ⠥⠄⠠⠥⠑⠗ | 재미 | ⠨⠗⠑⠕ |
| 재채기 | ⠨⠗⠰⠗⠈⠕ | 조개 | ⠨⠥⠈⠗ |
| 차액 | ⠰⠣⠗⠁ | 타액 | ⠓⠣⠗⠁ |
| 택배 | ⠓⠗⠁⠘⠗ | 팽이 | ⠙⠗⠶⠕ |
| 행주 | ⠚⠗⠶⠨⠍ | | |

## ㅒ

| | | | |
|---|---|---|---|
| 얘기 | ⠜⠗⠈⠕ | 얘야 | ⠜⠗⠜ |

## ㅔ

| | | | |
|---|---|---|---|
| 게시 | ⠈⠝⠠⠕ | 데이터 | ⠊⠝⠕⠓⠎ |
| 레퍼토리 | ⠐⠝⠙⠎⠓⠥⠐⠕ | | |
| 베개 | ⠘⠝⠈⠗ | 세계 | ⠠⠝⠈⠌ |
| 세력 | ⠠⠝⠐⠱⠁ | 체육 | ⠰⠝⠩⠁ |
| 케이크 | ⠋⠝⠕⠋⠪ | 테이프 | ⠓⠝⠕⠙⠪ |

## ㅖ

| | | | |
|---|---|---|---|
| 예부터 | ⠌⠘⠍⠓⠎ | 예수 | ⠌⠠⠍ |
| 예약 | ⠌⠜⠁ | 예외 | ⠌⠽ |
| 예의 | ⠌⠺ | 식혜 | ⠠⠕⠁⠚⠌ |
| 차례 | ⠰⠣⠐⠌ | 폐렴 | ⠙⠌⠐⠱⠢ |
| 폐품 | ⠙⠌⠙⠍⠢ | 폐해 | ⠙⠌⠚⠗ |
| 혜택 | ⠚⠌⠓⠗⠁ | | |

## ㅘ

| | | | |
|---|---|---|---|
| 과수원 | ⠈⠧⠠⠍⠏⠒ | 과일 | ⠈⠧⠕⠂ |
| 관직 | ⠈⠧⠒⠨⠕⠁ | 광주리 | ⠈⠧⠶⠨⠍⠐⠕ |
| 왁스 | ⠧⠁⠠⠪ | 완구 | ⠧⠒⠈⠍ |
| 좌우 | ⠨⠧⠍ | | |

## ㅚ

| | | | |
|---|---|---|---|
| 두뇌 | ⠊⠍⠉⠽ | 붕괴 | ⠘⠍⠶⠈⠽ |
| 소외 | ⠠⠥⠽ | 외교 | ⠽⠈⠬ |
| 참외 | ⠰⠣⠢⠽ | 최고 | ⠰⠽⠈⠥ |
| 횟수 | ⠚⠽⠄⠠⠍ | 뇌졸중 | ⠉⠽⠨⠥⠂⠨⠍⠶ |

## ㅙ

| | | | |
|---|---|---|---|
| 괜스레 | ⠈⠧⠗⠒⠠⠪⠐⠝ | | |
| 괭이 | ⠈⠧⠗⠶⠕ | 돼지 | ⠊⠧⠗⠨⠕ |
| 왠지 | ⠧⠗⠒⠨⠕ | | |

## ㅝ

| | | | |
|---|---|---|---|
| 권리 | ⠈⠏⠒⠐⠕ | 권투 | ⠈⠏⠒⠓⠍ |
| 워크숍 | ⠏⠋⠪⠠⠬⠃ | 원수 | ⠏⠒⠠⠍ |
| 원숭이 | ⠏⠒⠠⠍⠶⠕ | 월요일 | ⠏⠂⠬⠕⠂ |

## ㅞ

| | | | |
|---|---|---|---|
| 궤도 | ⠈⠏⠗⠊⠥ | 웨딩 | ⠏⠗⠊⠕⠶ |
| 웬일 | ⠏⠗⠒⠕⠂ | 췌액 | ⠰⠏⠗⠗⠁ |

## ㅟ

| | | | |
|---|---|---|---|
| 귀국 | ⠈⠍⠗⠈⠍⠁ | 부귀 | ⠘⠍⠈⠍⠗ |
| 위궤양 | ⠍⠗⠈⠏⠗⠜⠶ | 위세 | ⠍⠗⠠⠝ |
| 위액 | ⠍⠗⠗⠁ | | |

## ㅢ

| | | | |
|---|---|---|---|
| 무늬 | ⠑⠍⠉⠺ | 의식주 | ⠺⠠⠕⠁⠨⠍ |
| 늴리리 | ⠉⠺⠂⠐⠕⠐⠕ | 흰색 | ⠚⠺⠒⠠⠗⠁ |

## 'ㅐ' 유의할 단어

| | | | |
|---|---|---|---|
| 우애 | ⠍⠤⠗ | 부부애 | ⠘⠍⠘⠍⠤⠗ |
| 누액 | ⠉⠍⠤⠗⠁ | 수액 | ⠠⠍⠤⠗⠁ |
| 소화액 | ⠠⠥⠚⠧⠤⠗⠁ | 초과액 | ⠰⠥⠈⠧⠤⠗⠁ |
| 야애 | ⠜⠤⠗ | | |

## 'ㅔ' 유의할 단어

| | | | |
|---|---|---|---|
| 노예 | ⠉⠥⠤⠌ | 도예 | ⠊⠥⠤⠌ |
| 서예 | ⠠⠎⠤⠌ | 유예 | ⠩⠤⠌ |
| 조예 | ⠨⠥⠤⠌ | 뭐예요 | ⠑⠏⠤⠌⠬ |

## 5. 된소리 글자

된소리 글자 ‘ㄲ, ㄸ, ㅃ, ㅆ, ㅉ’이 첫소리 자리에 쓰일 때에는 각각 ‘ㄱ, ㄷ, ㅂ, ㅅ, ㅈ’ 앞에 된소리 표 (⠠ 6점)을 적어서 나타냅니다.

| ㄲ | ㄸ | ㅃ | ㅆ | ㅉ |
|---|---|---|---|---|
| ⠠⠈ | ⠠⠊ | ⠠⠘ | ⠠⠠ | ⠠⠨ |

초성 ‘ㄲ’은 (⠈ 4점) 앞에 된소리 표 (⠠ 6점)를 써서 (⠠⠈ 6점, 4점)으로 적습니다.

초성 ‘ㄸ’은 (⠊ 2-4점) 앞에 된소리 표 (⠠ 6점)를 써서 (⠠⠊ 6점, 2-4점)으로 적습니다.

초성 ‘ㅃ’은 (⠘ 4-5점) 앞에 된소리 표 (⠠ 6점)를 써서 (⠠⠘ 6점, 4-5점)으로 적습니다.

초성 ‘ㅆ’은 (⠠ 6점) 앞에 된소리 표 (⠠ 6점)를 써서 (⠠⠠ 6점, 6점)으로 적습니다.

초성 ‘ㅉ’은 (⠨ 4-6점) 앞에 된소리 표 (⠠ 6점)를 써서 (⠠⠨ 6점, 4-6점)으로 적습니다.

초성 된소리 자음에 모음과 그 밖의 모음을 붙여 쓰면 다음과 같습니다.

| 까 | 깨 | 꺄 | 꺠 | 꺼 | 껴 | 꼐 |
|---|---|---|---|---|---|---|
| ⠠⠈⠣ | ⠠⠈⠗ | ⠠⠈⠜ | ⠠⠈⠜⠗ | ⠠⠈⠎ | ⠠⠈⠱ | ⠠⠈⠌ |
| 꼬 | 꽈 | 꽤 | 꾀 | 꾜 | 꾸 | 꿔 |
| ⠠⠈⠥ | ⠠⠈⠧ | ⠠⠈⠧⠗ | ⠠⠈⠽ | ⠠⠈⠬ | ⠠⠈⠍ | ⠠⠈⠏ |
| 꿰 | 뀌 | 뀨 | 끄 | 끠 | 끼 | |
| ⠠⠈⠏⠗ | ⠠⠈⠍⠗ | ⠠⠈⠩ | ⠠⠈⠪ | ⠠⠈⠺ | ⠠⠈⠕ | |

나머지 된소리 자음에 모음과 그 밖의 모음도 이와 같은 형태로 적습니다.

쌍받침 'ㄲ'은 'ㄱ' 받침을 두 번 적고, 쌍받침 'ㅆ'은 'ㅅ'을 두 번 적어야 하지만 약자(⠌)가 있어서 따로 적습니다.

즉, 'ㄲ'은 기역 받침 (⠁ 1점)과 기역 받침 (⠁ 1점)을 합해 (⠁⠁ 1점, 1점)으로 적습니다.

'ㅆ'은 시옷 받침 (⠄ 3점)과 시옷 받침 (⠄ 3점)을 합해 (⠄⠄ 3점, 3점)으로 적어야 하지만 약자가 따로 있어서 (⠌ 3-4점)으로 적습니다.

겹받침으로 쓰인 'ㄳ, ㄵ, ㄶ, ㄺ, ㄻ, ㄼ, ㄽ, ㄾ, ㄿ, ㅀ, ㅄ'은 각 자음자의 받침 표기를 이용해 어울러 적습니다.

'ㄳ'은 기역 받침 (⠁ 1점)과 시옷 받침 (⠄ 3점)을 합해 (⠁⠄ 1점, 3점)으로 적습니다.

'ㄵ'은 니은 받침 (⠒ 2-5점)과 지읒 받침 (⠅ 1-3점)을 합해 (⠒⠅ 2-5점, 1-3점)으로 적습니다.

'ㄶ'은 니은 받침 (⠒ 2-5점)과 히읗 받침 (⠴ 3-5-6점)을 합해 (⠒⠴ 2-5점, 3-5-6점)으로 적습니다.

'ㄺ'은 리을 받침 (⠂ 2점)과 기역 받침 (⠁ 1점)을 합해 (⠂⠁ 2점, 1점)으로 적습니다.

'ㄻ'은 리을 받침 (⠂ 2점)과 미음 받침 (⠢ 2-6점)을 합해 (⠂⠢ 2점, 2-6점)으로 적습니다.

'ㄼ'은 리을 받침 (⠂ 2점)과 비읍 받침 (⠃ 1-2점)을 합해 (⠂⠃ 2점, 1-2점)으로 적습니다.

'ㄽ'은 리을 받침 (⠂ 2점)과 시옷 받침 (⠄ 3점)을 합해 (⠂⠄ 2점, 3점)으로 적습니다.

'ㄾ'은 리을 받침 (⠂ 2점)과 티읕 받침 (⠦ 2-3-6점)을 합해 (⠂⠦ 2점, 2-3-6점)으로 적습니다.

‘ㄿ’은 리을 받침 (⠂ 2점)과 피읖 받침 (⠲ 2-5-6점)을 합해 (⠂⠲ 2점, 2-5-6점)으로 적습니다.

‘ㅀ’은 리을 받침 (⠂ 2점)과 히읗 받침 (⠴ 3-5-6점)을 합해 (⠂⠴ 2점, 3-5-6점)으로 적습니다.

‘ㅄ’은 비읍 받침 (⠃ 1-2점)과 시옷 받침 (⠄ 3점)을 합해 (⠃⠄ 1-2점, 3점)으로 적습니다.

### ㄲ

| | | | |
|---|---|---|---|
| 꺼림칙 | ⠠⠈⠎⠐⠕⠢⠰⠕⠁ | | |
| 꽃잎 | ⠠⠈⠥⠆⠕⠲ | 꾸중 | ⠠⠈⠍⠨⠍⠶ |
| 끼니 | ⠠⠈⠕⠉⠕ | 거꾸로 | ⠈⠎⠠⠈⠍⠐⠥ |
| 주꾸미 | ⠨⠍⠠⠈⠍⠑⠕ | 토끼 | ⠓⠥⠠⠈⠕ |
| 깨끗이 | ⠠⠈⠗⠠⠈⠪⠄⠕ | 꼬리 | ⠠⠈⠥⠐⠕ |

### ㄸ

| | | | |
|---|---|---|---|
| 뚜껑 | ⠠⠊⠍⠠⠈⠎⠶ | 따리 | ⠠⠊⠐⠕ |
| 때때옷 | ⠠⠊⠗⠠⠊⠗⠥⠄ | 땡볕 | ⠠⠊⠗⠶⠘⠱⠦ |
| 갸우뚱 | ⠈⠜⠍⠠⠊⠍⠶ | 엉뚱 | ⠎⠶⠠⠊⠍⠶ |
| 귀뚜라미 | ⠈⠍⠗⠠⠊⠍⠐⠣⠑⠕ | | |

### ㅃ

| | | | |
|---|---|---|---|
| 뻐꾸기 | ⠠⠘⠎⠠⠈⠍⠈⠕ | | |
| 뾰루지 | ⠠⠘⠬⠐⠍⠨⠕ | 뿌리 | ⠠⠘⠍⠐⠕ |
| 삐삐 | ⠠⠘⠕⠠⠘⠕ | 빼앗아 | ⠠⠘⠗⠣⠄⠣ |

## ㅆ

| | | | |
|---|---|---|---|
| 씨앗 | ⠠⠠⠕⠣⠄ | 쓰레기 | ⠠⠠⠪⠐⠝⠈⠕ |
| 쓰여 | ⠠⠠⠪⠱ | 쐐기 | ⠠⠠⠧⠗⠈⠕ |
| 찌개 | ⠠⠨⠕⠈⠗ | 찜질 | ⠠⠨⠕⠢⠨⠕⠂ |
| 찌꺼기 | ⠠⠨⠕⠠⠈⠎⠈⠕ | | |
| 찔레꽃 | ⠠⠨⠕⠂⠐⠝⠠⠈⠥⠆ | | |
| 셋째 | ⠠⠝⠄⠠⠨⠗ | | |

## 기타

| | | | |
|---|---|---|---|
| 묶어 | ⠑⠍⠁⠁⠎ | 찾았어 | ⠰⠣⠆⠣⠌⠎ |
| 있었어 | ⠕⠌⠎⠌⠎ | 앉아 | ⠣⠒⠅⠣ |
| 않아 | ⠣⠒⠴⠣ | 읽기 | ⠕⠂⠁⠈⠕ |
| 옮기기 | ⠥⠂⠢⠈⠕⠈⠕ | 얇음 | ⠜⠂⠃⠪⠢ |
| 외곬 | ⠽⠈⠥⠂⠄ | 앓이 | ⠣⠂⠴⠕ |
| 없이 | ⠎⠃⠄⠕ | | |

# 6. 약자와 약어

## 1) 아빼기 약자와 '가', '사', '것' 약자 익히기

아빼기 약자는 ㄴ, ㄷ, ㅁ, ㅂ, ㅈ, ㅋ, ㅌ, ㅍ, ㅎ에 'ㅏ'가 결합한 글자에서 'ㅏ'를 빼고 해당하는 자음만 쓰인 형태를 말합니다.

| 가 | 나 | 다 | 마 | 바 | 사 | 자 | 카 | 타 | 파 | 하 |
|---|---|---|---|---|---|---|---|---|---|---|
| ⠫ | ⠉ | ⠊ | ⠑ | ⠘ | ⠇ | ⠨ | ⠋ | ⠓ | ⠙ | ⠚ |

'나'는 (⠉⠣ 1-4점, 1-2-6점)에서 1-2-6점을 빼서 (⠉ 1-4점)으로 적습니다.

'다'는 (⠊⠣ 2-4점, 1-2-6점)에서 1-2-6점을 빼서 (⠊ 2-4점)으로 적습니다.

'마'는 (⠑⠣ 1-5점, 1-2-6점)에서 1-2-6점을 빼서 (⠑ 1-5점)으로 적습니다.

'바'는 (⠘⠣ 4-5점, 1-2-6점)에서 1-2-6점을 빼서 (⠘ 4-5점)으로 적습니다.

'자'는 (⠨⠣ 4-6점, 1-2-6점)에서 1-2-6점을 빼서 (⠨ 4-6점)으로 적습니다.

'카'는 (⠋⠣ 1-2-4점, 1-2-6점)에서 1-2-6점을 빼서 (⠋ 1-2-4점)으로 적습니다.

'타'는 (⠓⠣ 1-2-5점, 1-2-6점)에서 1-2-6점을 빼서 (⠓ 1-2-5점)으로 적습니다.

'파'는 (⠙⠣ 1-4-5점, 1-2-6점)에서 1-2-6점을 빼서 (⠙ 1-4-5점)으로 적습니다.

'하'는 (⠚⠣ 2-4-5점, 1-2-6점)에서 1-2-6점을 빼서 (⠚ 2-4-5점)으로 적습니다.

아빼기 약자 다음에 초성 자음이나 받침 글자, 쌍받침 글자, 겹받침 글자가 올 때에만 정자로 풀어 쓰지 않고 약자로 씁니다. 그러나 아빼기 약자 다음에 모음이 오면 무조건 정자로 풀어 써야 합니다. 모음이 오면 아빼기 약자가 아니라 자음의 역할을 하기 때문입니다.

'ㅇ'을 제외한 13개 자음 중 가 와 사는 아빼기 약자로 쓰지 않고 가는 (⠫ 1-2-4-6점)으로 사는 (⠇ 1-2-3점)으로 따로 만들어 씁니다.

그리고 아빼기 약자 나, 다, 마, 바, 자, 카, 타, 파, 하를 제외한 라와 차는 약자가 없고 정자로 씁니다.

다음은 '가', '사' 약자와 아빼기 약자 다음에 초성 자음이 오는 예들입니다.

## 가

| | | | |
|---|---|---|---|
| 가루 | ⠫⠐⠍ | 가수 | ⠫⠠⠍ |
| 가슴 | ⠫⠠⠪⠢ | 가지 | ⠫⠨⠕ |

## 나

| | | | |
|---|---|---|---|
| 나귀 | ⠉⠈⠍⠗ | 나라 | ⠉⠐⠣ |
| 나무 | ⠉⠑⠍ | 나주 | ⠉⠨⠍ |

## 다

| | | | |
|---|---|---|---|
| 다가구 | ⠊⠫⠈⠍ | 다단계 | ⠊⠊⠒⠈⠌ |
| 다리 | ⠊⠐⠕ | 다람쥐 | ⠊⠐⠣⠢⠨⠍⠗ |

## 마

| | | | |
|---|---|---|---|
| 마구간 | ⠑⠈⠍⠫⠒ | 마당 | ⠑⠊⠶ |
| 마루 | ⠑⠐⠍ | 마차 | ⠑⠰⠣ |

## 바

| | | | |
|---|---|---|---|
| 바나나 | ⠘⠉⠉ | 바다 | ⠘⠊ |
| 바둑 | ⠘⠊⠍⠁ | 바지 | ⠘⠨⠕ |

## 사

| | | | |
|---|---|---|---|
| 사격 | ⠇⠈⠱⠁ | 사람 | ⠇⠐⠣⠢ |
| 사슴 | ⠇⠠⠪⠢ | 사자 | ⠇⠨ |

## 자

| | | | |
|---|---|---|---|
| 자국 | ⠨⠈⠍⠁ | 자격증 | ⠨⠈⠱⠁⠨⠪⠶ |
| 자녀 | ⠨⠉⠱ | 자두 | ⠨⠊⠍ |
| 자랑 | ⠨⠐⠣⠶ | | |

## 카

| | | | |
|---|---|---|---|
| 칵테일 | ⠋⠁⠓⠝⠕⠂ | 카레 | ⠋⠐⠝ |
| 카메라 | ⠋⠑⠝⠐⠣ | 카세트 | ⠋⠠⠝⠓⠪ |
| 카스텔라 | ⠋⠠⠪⠓⠝⠂⠐⠣ | | |

## 타

| | | | |
|---|---|---|---|
| 타격 | ⠓⠈⠱⠁ | 타잔 | ⠓⠨⠒ |
| 타조 | ⠓⠨⠥ | 타파 | ⠓⠙ |

## 파

| | | | |
|---|---|---|---|
| 파괴 | ⠙⠈⠽ | 파도 | ⠙⠊⠥ |
| 파리 | ⠙⠐⠕ | 파면 | ⠙⠑⠡ |
| 파초 | ⠙⠰⠥ | | |

## 하

| | | | |
|---|---|---|---|
| 하도급 | ⠚⠊⠥⠈⠪⠃ | 하루 | ⠚⠐⠍ |
| 하수도 | ⠚⠠⠍⠊⠥ | 하품 | ⠚⠙⠍⠢ |

'가', '사' 약자와 아빼기 약자 다음에 받침 글자나 쌍받침, 겹받침이 오는 예들입니다.

## 가

| | | | |
|---|---|---|---|
| 강산 | ⠫⠶⠇⠒ | 강원도 | ⠫⠶⠏⠒⠊⠥ |
| 값어치 | ⠫⠃⠄⠎⠰⠕ | | |

## 나

| | | | |
|---|---|---|---|
| 낙타 | ⠉⠁⠓ | 난방 | ⠉⠒⠘⠶ |
| 낮잠 | ⠉⠅⠨⠢ | 낚시 | ⠉⠁⠁⠠⠕ |

## 다

| | | | |
|---|---|---|---|
| 단서 | ⠊⠒⠠⠎ | 달밤 | ⠊⠂⠘⠢ |
| 닦달 | ⠊⠁⠁⠊⠂ | 닮다 | ⠊⠂⠢⠊ |

## 마

| | | | |
|---|---|---|---|
| 막내 | ⠑⠁⠉⠗ | 만세 | ⠑⠒⠠⠝ |
| 맑다 | ⠑⠂⠁⠊ | 많다 | ⠑⠒⠴⠊ |

## 바

| | | | |
|---|---|---|---|
| 밤배 | ⠘⠢⠘⠗ | 밥솥 | ⠘⠃⠠⠥⠦ |
| 박쥐 | ⠘⠁⠨⠍⠗ | 반찬 | ⠘⠒⠰⠣⠒ |
| 발췌 | ⠘⠂⠰⠏⠗ | 밝다 | ⠘⠂⠁⠊ |
| 밟다 | ⠘⠂⠃⠊ | | |

## 사

| | | | |
|---|---|---|---|
| 산수 | ⠇⠒⠠⠍ | 상처 | ⠇⠶⠰⠎ |
| 삯 | ⠇⠁⠄ | 삶 | ⠇⠂⠢ |

## 자

| | | | |
|---|---|---|---|
| 잔소리 | ⠨⠒⠠⠥⠐⠕ | 잠보 | ⠨⠢⠘⠥ |
| 장미 | ⠨⠶⠑⠕ | | |

## 카

| | | | |
|---|---|---|---|
| 칵테일 | ⠋⠁⠓⠝⠕⠂ | 칸타타 | ⠋⠒⠓⠓ |
| 캉캉 | ⠋⠶⠋⠶ | | |

## 타

| | | | |
|---|---|---|---|
| 탄자니아 | ⠓⠒⠨⠉⠕⠣ | 탈무드 | ⠓⠂⠑⠍⠊⠪ |
| 탕수육 | ⠓⠶⠠⠍⠩⠁ | | |

## 파

| | | | |
|---|---|---|---|
| 판자 | ⠙⠒⠨ | 팡파르 | ⠙⠶⠙⠐⠪ |

## 하

| | | | |
|---|---|---|---|
| 한국 | ⠚⠒⠈⠍⠁ | 할머니 | ⠚⠂⠑⠎⠉⠕ |
| 핥다 | ⠚⠂⠦⠊ | | |

다음은 '가', '사' 약자 다음에 오는 모음과 아빼기 약자 다음에 모음이 와서 아빼기 약자를 쓸 수 없는 예들입니다.

| | | | |
|---|---|---|---|
| 가야 | ⠫⠜ | 가위 | ⠫⠍⠗ |
| 나이 | ⠉⠣⠕ | 다윗 | ⠊⠣⠍⠗⠄ |
| 다음 | ⠊⠣⠪⠢ | 마음 | ⠑⠣⠪⠢ |
| 바위 | ⠘⠣⠍⠗ | 사이다 | ⠇⠕⠊ |
| 자유 | ⠨⠣⠩ | 카카오 | ⠋⠋⠣⠥ |
| 타이어 | ⠓⠣⠕⠎ | 파워 | ⠙⠣⠏ |
| 파이프 | ⠙⠣⠕⠙⠪ | 하위 | ⠚⠣⠍⠗ |

바위나 자유 등과 같은 단어가 줄이 바뀌면 아빼기 약자를 씁니다.

'바'와 '위' 사이에 줄이 바뀌면 그 전 줄에 4-5점을 쓰고, 1-2-6점을 생략한 뒤, 그 다음줄에 (⠍ ⠗ 1-3-4점, 1-2-3-5점)을 씁니다.

| | | | |
|---|---|---|---|
| 바위 | ⠘⠣⠍⠗ | 바<br>위 | ⠘<br>⠍⠗ |

자유도 '자'와 '유' 사이에 줄이 바뀌면 그 전 줄에 4-6점을 쓰고, 1-2-6점을 생략한 뒤, 그 다음 줄에 (⠩ 1-4-6점)을 씁니다.

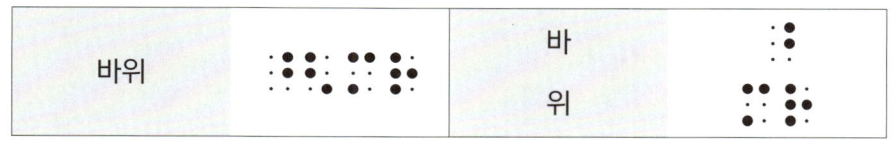

| | | | |
|---|---|---|---|
| 자유 | ⠨⠣⠩ | 자<br>유 | ⠨<br>⠩ |

'가', '사' 약자와 아빼기 약자가 된소리일 경우 '가', '사' 약자와 아빼기 약자 표기에 된소리 표를 덧붙여 적습니다.

단, 꺼에 쌍시옷 받침이 들어갈 경우 6점, 4-5-6점, 2-3-4점, 3점을 쓰는 것이 아니라 (⠠ ⠈ ⠎ ⠌ 6점, 4점, 2-3-4점, 3-4점)을 씁니다.

## 까

| | | | |
|---|---|---|---|
| 까치 | ⠠⠫⠰⠕ | 까마귀 | ⠠⠫⠑⠈⠍⠗ |
| 깎다 | ⠠⠫⠁⠁⠊ | | |

## 따

| | | | |
|---|---|---|---|
| 따르다 | ⠠⠊⠐⠪⠊ | 딱지 | ⠠⠊⠁⠨⠕ |
| 딱따구리 | ⠠⠊⠁⠠⠊⠈⠍⠐⠕ | | |
| 땅강아지 | ⠠⠊⠶⠫⠶⠣⠨⠕ | 따오기 | ⠠⠊⠣⠥⠈⠕ |

## 빠

| | | | |
|---|---|---|---|
| 오빠 | ⠥⠠⠘ | 빠지다 | ⠠⠘⠨⠕⠊ |
| 빨래 | ⠠⠘⠂⠐⠗ | 빵집 | ⠠⠘⠶⠨⠕⠃ |
| 빻다 | ⠠⠘⠴⠊ | | |

## 싸

| | | | |
|---|---|---|---|
| 싸움 | ⠠⠇⠍⠢ | 쌀밥 | ⠠⠇⠂⠘⠃ |
| 쌍둥이 | ⠠⠇⠶⠊⠍⠶⠕ | 쌓다 | ⠠⠇⠴⠊ |

## 짜

| | | | |
|---|---|---|---|
| 짜장 | ⠠⠨⠨⠶ | 짱구 | ⠠⠨⠶⠈⠍ |
| 짜임새 | ⠠⠨⠣⠕⠢⠠⠗ | 짧다 | ⠠⠨⠂⠃⠊ |

다음은 라와 차가 아빼기를 못하는 예들입니다.

| | | | |
|---|---|---|---|
| 라면 |  | 계란 |  |
| 라일락 |  | 차장 |  |
| 창조 |  | 차이 |  |

또 '것'은 (⠸⠎ 4-5-6점, 2-3-4점)으로 별도의 약자를 만들어 씁니다.

| 것 | | | | | |
|---|---|---|---|---|---|
| 이것 |  | 저것 |  | 그것 |  |

'것' 약자가 된소리일 경우 것 약자 표기에 된소리 표를 덧붙여 적습니다.

| 껏 | | | | | |
|---|---|---|---|---|---|
| 힘껏 | 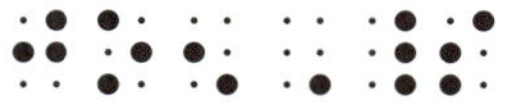 | 마음껏 |  | 껐다 |  |

'쌍시옷' 약자와 모음 '예'는 (⠌ 3-4점)으로 점형이 같으므로 서로 혼동될 수 있습니다. 그래서 모음 다음에 모음 '예'가 올 때에는 모음과 '예' 사이에 붙임표(⠤ 3-6점)를 적어 나타냅니다. '팠'을 적을 때 '아'(⠣ 1-2-6점)를 생략하면 '폐'로 잘못 읽을 수 있고, '폐'는 자주 사용되는 글자이므로 둘의 혼동을 막기 위해 '팠'은 항상 '아'를 생략하지 않습니다. 반면에 났다, 잤다, 탔다 등의 글자는 '아'를 쓰지 않습니다.

'태어났다, 낮잠 잤다, 차에 탔다, 깊게 팠다'

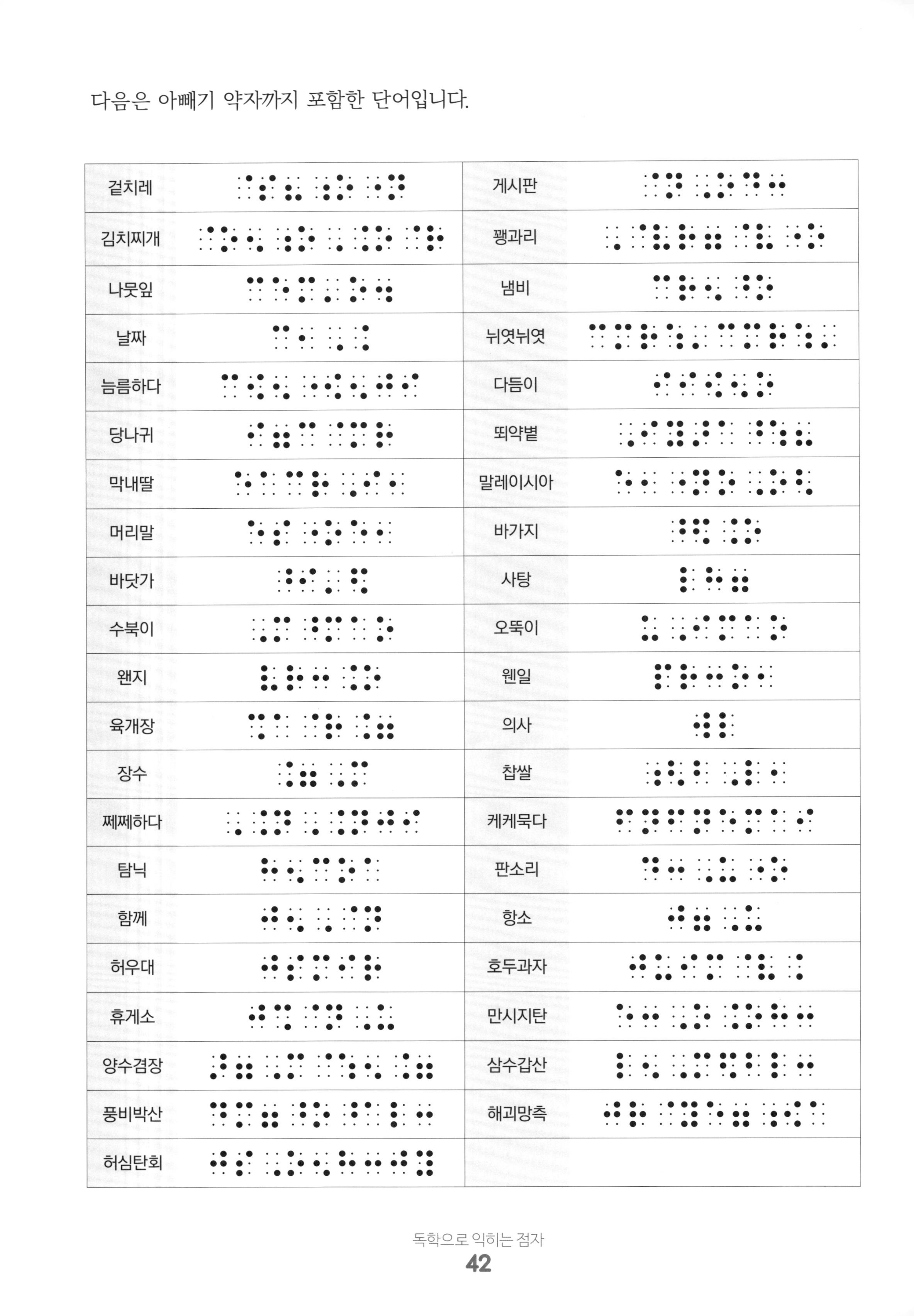

다음은 아빼기 약자까지 포함한 단어입니다.

| 단어 | 점자 | 단어 | 점자 |
| --- | --- | --- | --- |
| 겉치레 | | 게시판 | |
| 김치찌개 | | 꽹과리 | |
| 나뭇잎 | | 냄비 | |
| 날짜 | | 뉘엿뉘엿 | |
| 늠름하다 | | 다듬이 | |
| 당나귀 | | 뙤약볕 | |
| 막내딸 | | 말레이시아 | |
| 머리말 | | 바가지 | |
| 바닷가 | | 사탕 | |
| 수북이 | | 오뚝이 | |
| 왠지 | | 웬일 | |
| 육개장 | | 의사 | |
| 장수 | | 찹쌀 | |
| 쩨쩨하다 | | 케케묵다 | |
| 탐닉 | | 판소리 | |
| 함께 | | 항소 | |
| 허우대 | | 호두과자 | |
| 휴게소 | | 만시지탄 | |
| 양수겸장 | | 삼수갑산 | |
| 풍비박산 | | 해괴망측 | |
| 허심탄회 | | | |

다음은 아빠기 약자까지 포함한 문장입니다.

으레 그러려니 할 게 아니라 애당초 그러한 일이 없게끔 주의했어야 한다

감자가 강원도의 특산품이고 귤이 제주도의 특산품이며 자갈치시장이 부산에 있다

갑자기 등 뒤에서 쾅 소리가 나자 그녀가 깜짝 놀라서 소리쳤다

모두 하나같이 꾀죄죄한 옷차림이었다

슈퍼마켓에 초콜릿과 비스킷과 캐러멜이 있고 제과점에 케이크와 커스터드와 카스텔라와 크로켓이 있다

우리나라에 꾀꼬리와 메뚜기가 매우 많다

고양이가 부뚜막에서 자고 있다

## 2) 모음에 받침을 첨가한 약자들

모음에 받침 글자를 첨가한 약자란 기본 모음 10개('ㅏ, ㅑ, ㅓ, ㅕ, ㅗ, ㅛ, ㅜ, ㅠ, ㅡ, ㅣ') 중 6개('ㅓ, ㅕ, ㅗ, ㅜ, ㅡ, ㅣ')에 받침 글자 'ㄱ', 'ㄴ', 'ㄹ', 'ㅇ'을 붙여서 만든 약자를 말합니다. 6개의 모음에 받침 4개를 붙여 만들면 24개가 되지만 6개 모음에 받침 4개를 전부 붙이지는 않아서 14개의 약자만 만들어졌습니다.

| | ㄱ | ㄴ | ㄹ | ㅇ |
|---|---|---|---|---|
| 어 | 억 ⠹ | 언 ⠾ | 얼 ⠞ | |
| 여 | | 연 ⠡ | 열 ⠳ | 영 ⠻ |
| 오 | 옥 ⠭ | 온 ⠷ | | 옹 ⠿ |
| 우 | | 운 ⠛ | 울 ⠯ | |
| 으 | | 은 ⠵ | 을 ⠮ | |
| 이 | | 인 ⠟ | | |

모음 'ㅓ'에는 4개 받침 중 'ㅇ' 받침을 제외하고 'ㄱ', 'ㄴ', 'ㄹ' 받침으로 만들어졌습니다.

모음 'ㅕ'에는 4개 받침 중 'ㄱ'을 제외하고 'ㄴ', 'ㄹ', 'ㅇ' 받침으로 만들어졌습니다.

모음 'ㅗ'에는 4개 받침 중 'ㄹ' 받침을 제외하고 'ㄱ', 'ㄴ', 'ㅇ' 받침으로 만들어졌습니다.

모음 'ㅜ'에는 4개 받침 중 'ㄱ' 받침과 'ㅇ' 받침을 제외하고 'ㄴ', 'ㄹ' 받침으로 만들어졌습니다.

모음 'ㅡ'에는 4개 받침 중 'ㄱ' 받침과 'ㅇ' 받침을 제외하고 'ㄴ', 'ㄹ' 받침으로 만들어졌습니다.

모음 'ㅣ'에는 4개 받침 중 'ㄱ', 'ㄹ', 'ㅇ' 받침을 제외하고 'ㄴ' 받침만으로 만들어졌습니다.

이 14개의 모음 약자들은 13개 자음 'ㄱ', 'ㄴ', 'ㄷ', 'ㄹ', 'ㅁ', 'ㅂ', 'ㅅ', 'ㅈ', 'ㅊ', 'ㅋ', 'ㅌ', 'ㅍ', 'ㅎ'과 초성 쌍자음 5개 'ㄲ', 'ㄸ', 'ㅃ', 'ㅆ', 'ㅉ'과 함께 어울려서 적습니다.

또한 쌍받침으로 쓰인 'ㄲ'과 겹받침으로 쓰인 'ㄳ, ㄵ, ㄶ, ㄺ, ㄻ, ㄼ, ㄽ, ㄾ, ㄿ, ㅀ'은 'ㄱ', 'ㄴ', 'ㄹ'이 포함된 모음약자에 나머지 약자를 적습니다.

자주 쓰이는 음절 중 '성, 썽, 정, 쩡, 청'의 '엉'은 예외적으로 '영'의 약자를 적어 나타냅니다.

따라서 '성'은 6점, 2-3-4점, 2-3-5-6점을 쓰는 것이 아니라 (⠠⠻ 6점, 1-2-4-5-6점)을 씁니다.

'썽'은 6점, 6점, 2-3-4점, 2-3-5-6점을 쓰는 것이 아니라 (⠠⠠⠻ 6점, 6점, 1-2-4-5-6점)을 씁니다.

'정'은 4-6점, 2-3-4점, 2-3-5-6점을 쓰는 것이 아니라 (⠨⠻ 4-6점, 1-2-4-5-6점)을 씁니다.

'쩡'은 6점, 4-6점, 2-3-4점, 2-3-5-6점을 쓰는 것이 아니라 (⠠⠨⠻ 6점, 4-6점, 1-2-4-5-6점)을 씁니다.

'청'은 5-6점, 2-3-4점, 2-3-5-6점을 쓰는 것이 아니라 (⠰⠻ 5-6점, 1-2-4-5-6점)을 씁니다

## 억

| | | | |
|---|---|---|---|
| 걱정 | ⠈⠹⠨⠻ | 넉넉하다 | ⠉⠹⠉⠹⠚⠊ |
| 덕망 | ⠊⠹⠑⠣⠶ | 럭비 | ⠐⠹⠘⠕ |
| 먹이 | ⠑⠹⠕ | 꾸벅 | ⠠⠈⠍⠘⠹ |
| 석방 | ⠠⠹⠘⠣⠶ | 억압 | ⠹⠣⠃ |
| 적도 | ⠨⠹⠊⠥ | 척수 | ⠰⠹⠠⠍ |
| 턱수염 | ⠓⠹⠠⠍⠱⠢ | 넋두리 | ⠉⠹⠄⠊⠍⠐⠕ |
| 떡국 | ⠠⠊⠹⠈⠍⠁ | 썩다 | ⠠⠠⠹⠊ |
| 꺾다 | ⠠⠈⠎⠁⠁⠊ | | |

## 언

| | | | |
|---|---|---|---|
| 건강 | ⠈⠾⠫⠶ | 넌지시 | ⠉⠾⠨⠕⠠⠕ |
| 던지 | ⠊⠾⠨⠕ | 먼지 | ⠑⠾⠨⠕ |
| 번지 | ⠘⠾⠨⠕ | 선장 | ⠠⠾⠨⠣⠶ |

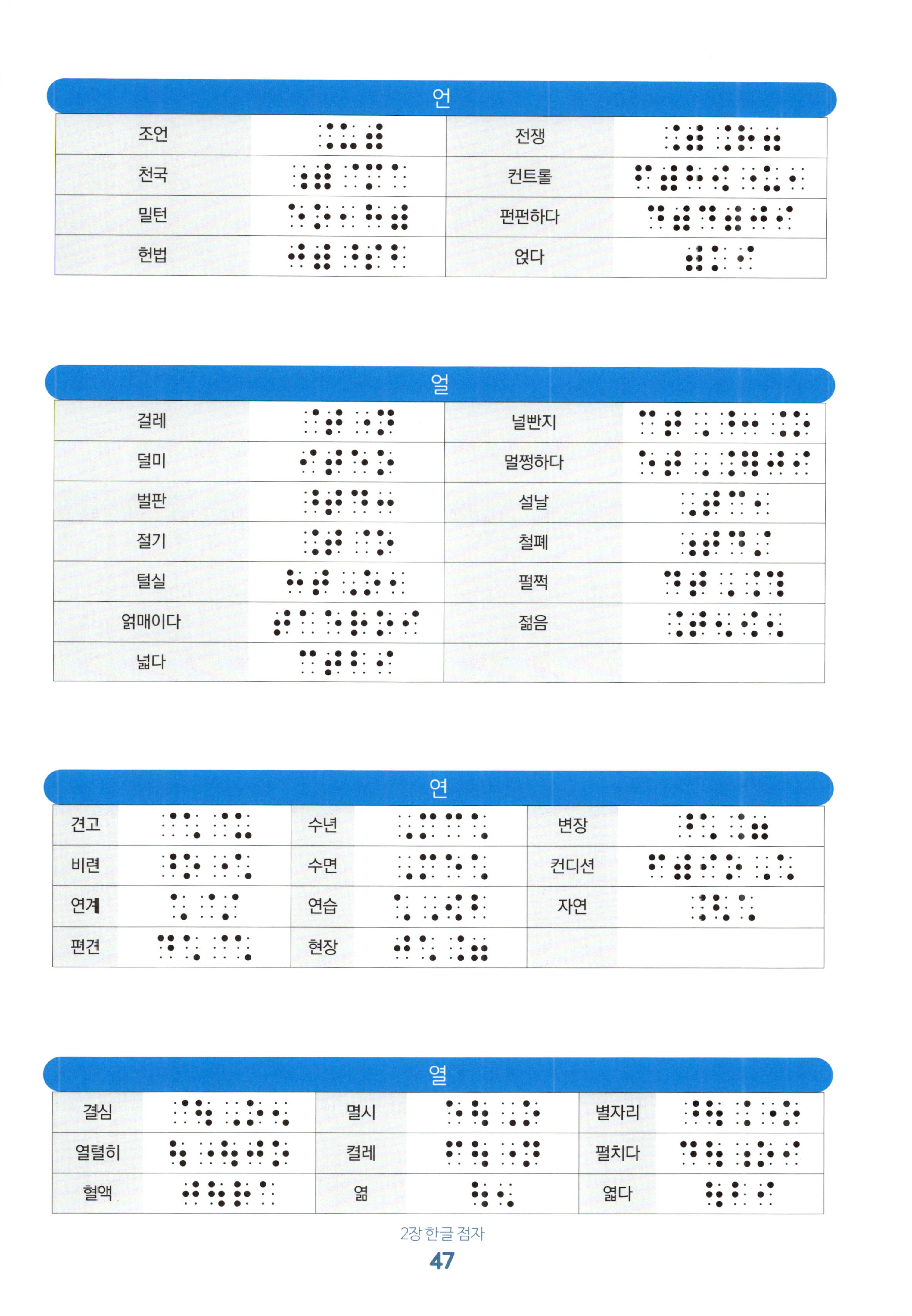

## 언

| | | | |
|---|---|---|---|
| 조언 | | 전쟁 | |
| 천국 | | 컨트롤 | |
| 밀턴 | | 펀펀하다 | |
| 헌법 | | 얹다 | |

## 얼

| | | | |
|---|---|---|---|
| 걸레 | | 널빤지 | |
| 덜미 | | 멀쩡하다 | |
| 벌판 | | 설날 | |
| 절기 | | 철폐 | |
| 털실 | | 펄쩍 | |
| 얽매이다 | | 젊음 | |
| 넓다 | | | |

## 연

| | | | | | |
|---|---|---|---|---|---|
| 견고 | | 수년 | | 변장 | |
| 비련 | | 수면 | | 컨디션 | |
| 연계 | | 연습 | | 자연 | |
| 편견 | | 현장 | | | |

## 열

| | | | | | |
|---|---|---|---|---|---|
| 결심 | | 멸시 | | 별자리 | |
| 열렬히 | | 켤레 | | 펼치다 | |
| 혈액 | | 엶 | | 엷다 | |

## 영

| | | | | | |
|---|---|---|---|---|---|
| 경성 | ⠈⠻⠠⠻ | 안녕 | ⠣⠒⠉⠻ | 명령 | ⠑⠻⠐⠻ |
| 화병 | ⠚⠧⠘⠻ | 평야 | ⠙⠻⠜ | 형제 | ⠚⠻⠨⠝ |

## 엉

| | | | | | |
|---|---|---|---|---|---|
| 성당 | ⠠⠻⠊⠶ | 말썽 | ⠑⠂⠠⠠⠻ | 정치 | ⠨⠻⠰⠕ |
| 어정쩡 | ⠎⠨⠻⠠⠨⠻ | 청결 | ⠰⠻⠈⠳ | | |

## 옥

| | | | |
|---|---|---|---|
| 곡식 | ⠈⠭⠠⠕⠁ | 녹두 | ⠉⠭⠊⠍ |
| 독수리 | ⠊⠭⠠⠍⠐⠕ | 기록 | ⠈⠕⠐⠭ |
| 목차 | ⠑⠭⠰⠣ | 복숭아 | ⠘⠭⠠⠍⠶⠣ |
| 속기 | ⠠⠭⠈⠕ | 옥수수 | ⠭⠠⠍⠠⠍ |
| 족벌 | ⠨⠭⠘⠞ | 촉구 | ⠰⠭⠈⠍ |
| 방콕 | ⠘⠶⠋⠭ | 톡톡이 | ⠓⠭⠓⠭⠕ |
| 폭염 | ⠙⠭⠱⠢ | 혹사 | ⠚⠭⠇ |
| 볶음밥 | ⠘⠭⠁⠪⠢⠘⠃ | 가족 | ⠫⠨⠭ |
| 결속력 | ⠈⠳⠠⠭⠐⠱⠁ | | |

## 온

| | | | |
|---|---|---|---|
| 곤란 | ⠈⠷⠐⠣⠒ | 논밭 | ⠉⠷⠘⠦ |
| 돈벌레 | ⠊⠷⠘⠞⠐⠝ | 이론 | ⠕⠐⠷ |
| 몬테소리 | ⠑⠷⠓⠝⠠⠥⠐⠕ | | |
| 본적 | ⠘⠷⠨⠹ | 손수 | ⠠⠷⠠⠍ |
| 온도 | ⠷⠊⠥ | 존재 | ⠨⠷⠨⠗ |

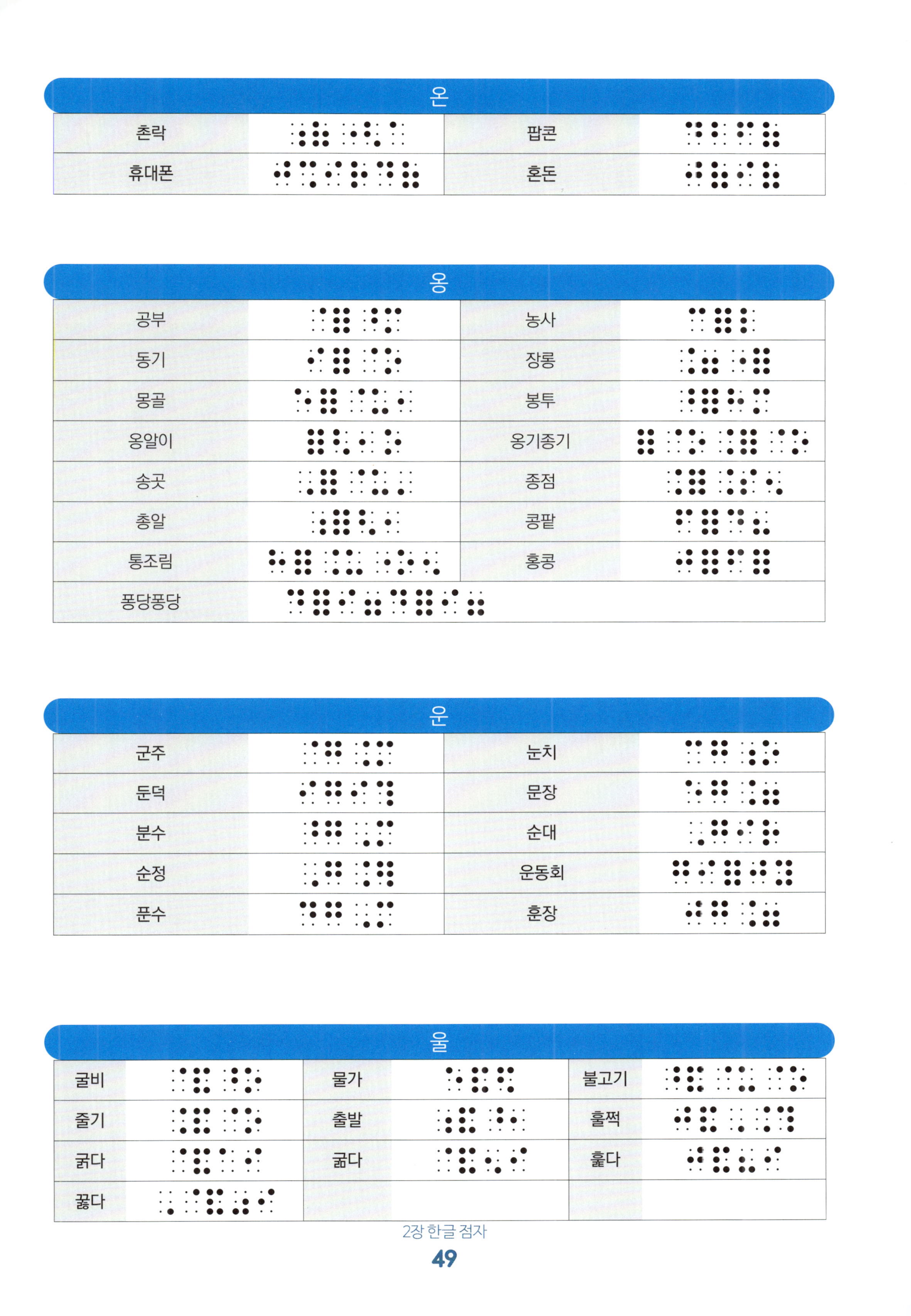

## 온

| | | | |
|---|---|---|---|
| 촌락 | | 팝콘 | |
| 휴대폰 | | 혼돈 | |

## 옹

| | | | |
|---|---|---|---|
| 공부 | | 농사 | |
| 동기 | | 장롱 | |
| 몽골 | | 봉투 | |
| 옹알이 | | 옹기종기 | |
| 송곳 | | 종점 | |
| 총알 | | 콩팥 | |
| 통조림 | | 홍콩 | |
| 퐁당퐁당 | | | |

## 운

| | | | |
|---|---|---|---|
| 군주 | | 눈치 | |
| 둔덕 | | 문장 | |
| 분수 | | 순대 | |
| 순정 | | 운동회 | |
| 푼수 | | 훈장 | |

## 울

| | | | | | |
|---|---|---|---|---|---|
| 굴비 | | 물가 | | 불고기 | |
| 줄기 | | 출발 | | 훌쩍 | |
| 굵다 | | 굶다 | | 훑다 | |
| 꿇다 | | | | | |

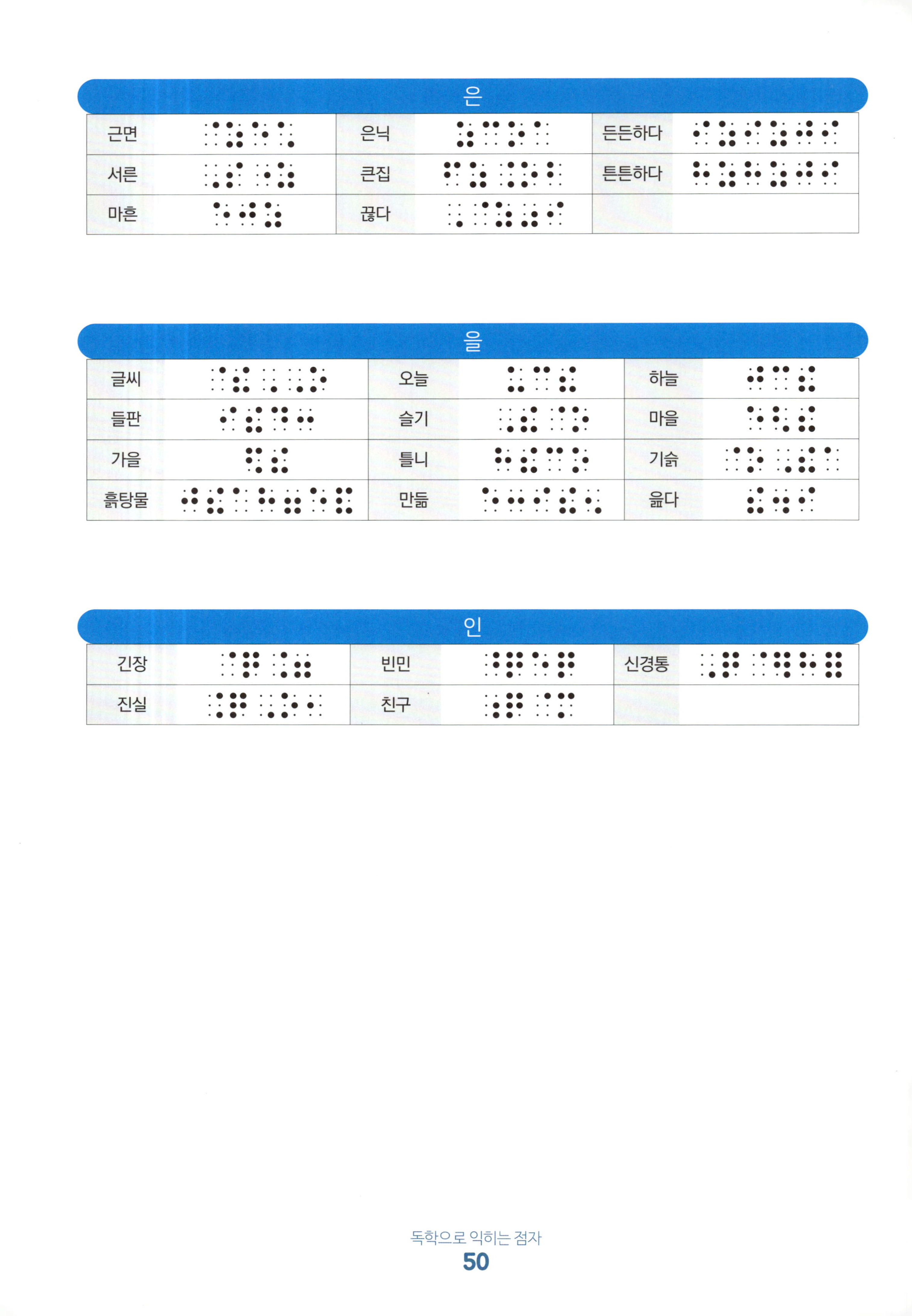

## 은

| | | | | | |
|---|---|---|---|---|---|
| 근면 | | 은닉 | | 든든하다 | |
| 서른 | | 큰집 | | 튼튼하다 | |
| 마흔 | | 끊다 | | | |

## 을

| | | | | | |
|---|---|---|---|---|---|
| 글씨 | | 오늘 | | 하늘 | |
| 들판 | | 슬기 | | 마을 | |
| 가을 | | 틀니 | | 기슭 | |
| 흙탕물 | | 만듦 | | 읊다 | |

## 인

| | | | | | |
|---|---|---|---|---|---|
| 긴장 | | 빈민 | | 신경통 | |
| 진실 | | 친구 | | | |

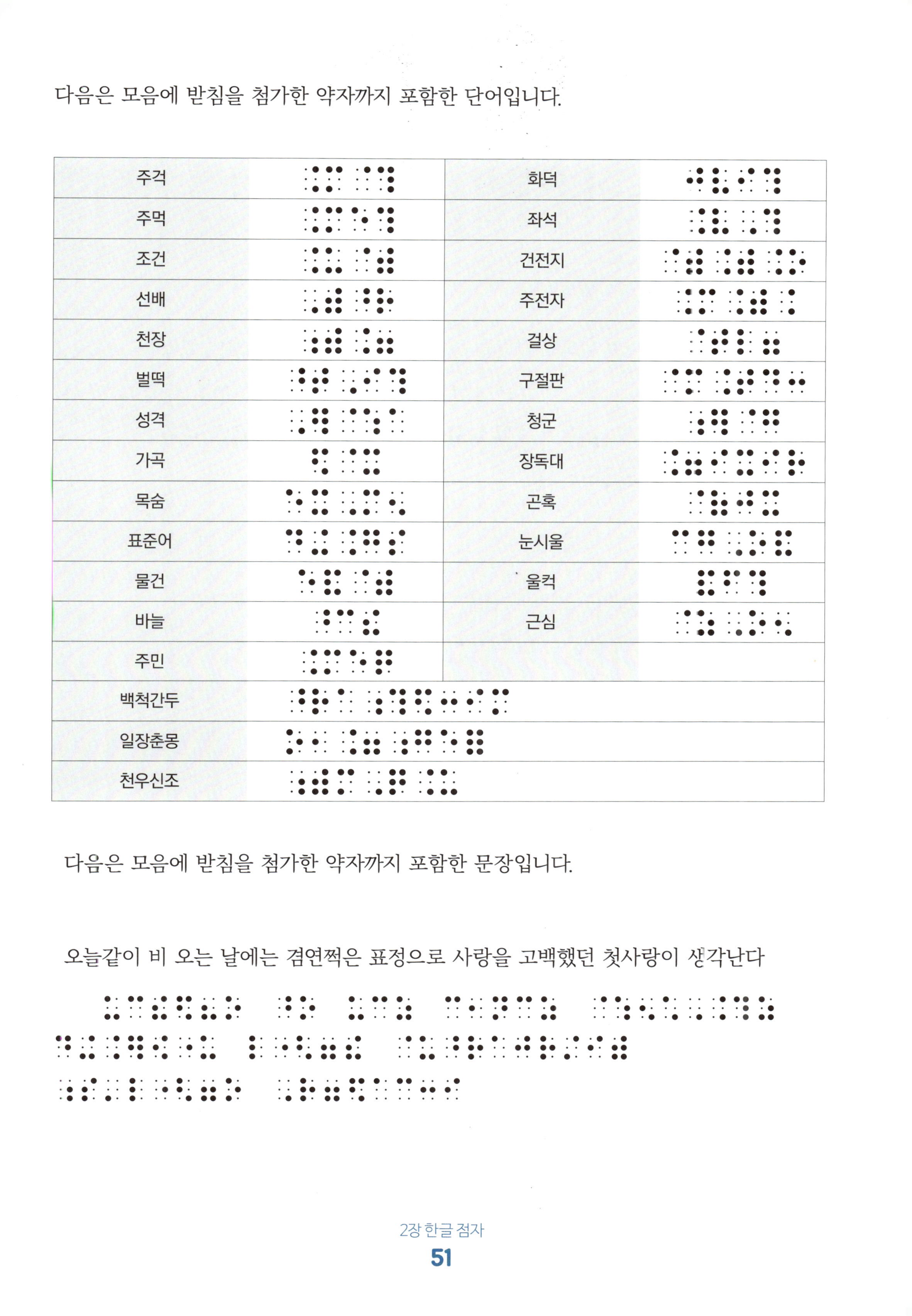

다음은 모음에 받침을 첨가한 약자까지 포함한 단어입니다.

| | | | |
|---|---|---|---|
| 주걱 | | 화덕 | |
| 주먹 | | 좌석 | |
| 조건 | | 건전지 | |
| 선배 | | 주전자 | |
| 천장 | | 걸상 | |
| 벌떡 | | 구절판 | |
| 성격 | | 청군 | |
| 가곡 | | 장독대 | |
| 목숨 | | 곤혹 | |
| 표준어 | | 눈시울 | |
| 물건 | | 울컥 | |
| 바늘 | | 근심 | |
| 주민 | | | |
| 백척간두 | | | |
| 일장춘몽 | | | |
| 천우신조 | | | |

다음은 모음에 받침을 첨가한 약자까지 포함한 문장입니다.

오늘같이 비 오는 날에는 겸연쩍은 표정으로 사랑을 고백했던 첫사랑이 생각난다

엊그제 영화관에서 그와 닮은 사람을 본 후로 더욱 생각이 깊어진다

극장에서 우르르 쏟아져 나오는 사람들 중에 분명 그와 비슷한 사람이 있었다

나는 재빨리 고개를 돌리고 괜스레 겁을 먹고 도망치듯 그곳을 빠져나왔다

못 본 사이 얼굴이 더 핼쑥해진 것 같아 공연히 마음이 쓰인다

그는 내 앞에 무릎을 꿇고 눈물을 떨어뜨리며 용서를 구했다

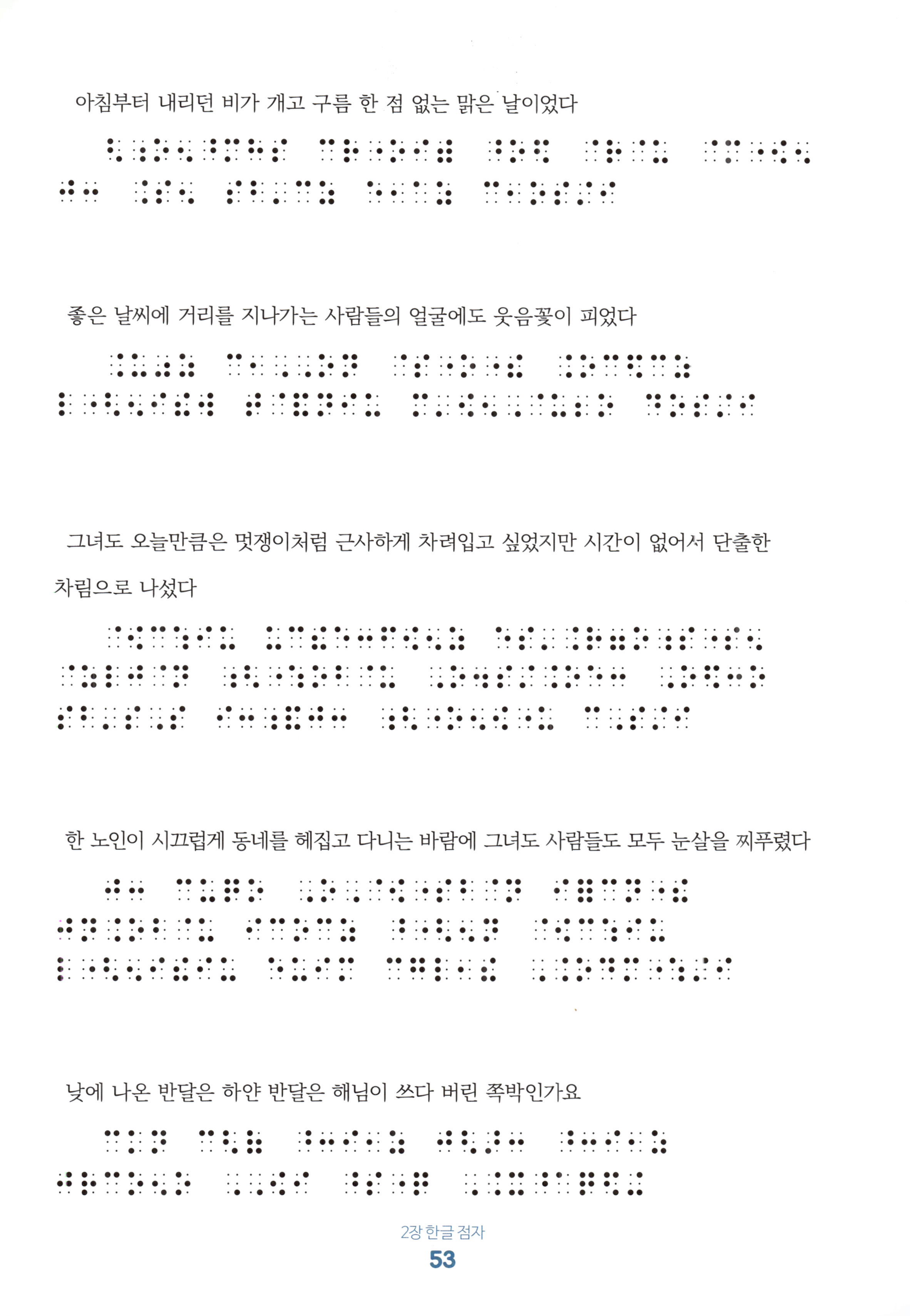

아침부터 내리던 비가 개고 구름 한 점 없는 맑은 날이었다

좋은 날씨에 거리를 지나가는 사람들의 얼굴에도 웃음꽃이 피었다

그녀도 오늘만큼은 멋쟁이처럼 근사하게 차려입고 싶었지만 시간이 없어서 단출한 차림으로 나섰다

한 노인이 시끄럽게 동네를 헤집고 다니는 바람에 그녀도 사람들도 모두 눈살을 찌푸렸다

낮에 나온 반달은 하얀 반달은 해님이 쓰다 버린 쪽박인가요

꼬부랑 할머니가 물 길으러 갈 때 치마끈에 달랑달랑 채워 줬으면

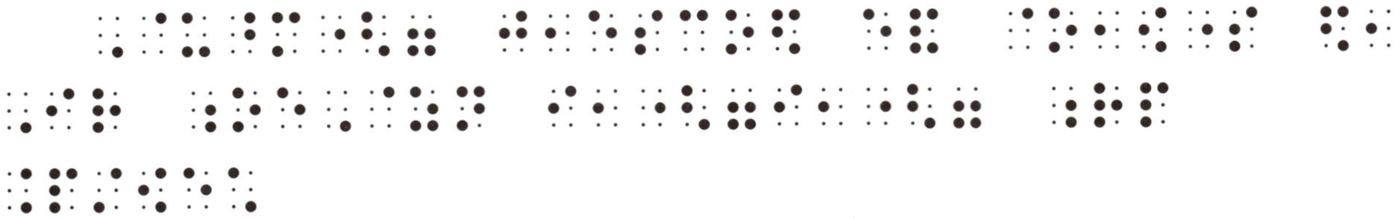

### 3) 약어

다음의 단어들은 약어로 적어 나타내는데 품사와 관계없이 약어를 사용할 수 있습니다.

| | | | | | |
|---|---|---|---|---|---|
| 그래서 | ⠁⠎ | 그러나 | ⠁⠉ | 그러면 | ⠁⠒ |
| 그러므로 | ⠁⠢ | 그런데 | ⠁⠝ | 그리고 | ⠁⠥ |
| 그리하여 | ⠁⠱ | | | | |

위에 제시된 말들의 뒤에 다른 음절이 붙어 쓰일 때에도 약어를 사용하여 적습니다.

| | | | |
|---|---|---|---|
| 그래서인지 | ⠁⠎⠟⠨⠕ | 그러면서 | ⠁⠒⠠⠎ |
| 그런데도 | ⠁⠝⠊⠥ | 그리하여도 | ⠁⠱⠊⠥ |

학생이 그래서 되겠느냐

나는 그림을 그리고 있었다

그러나저러나 이 일은 어차피 실패할 것이다

동생은 그림을 그리고는 바로 잤다

그런데도 아직 아무 연락이 없다

위에 제시된 말들의 앞에 다른 음절이 붙어 쓰일 때에는 약어를 사용하여 적지 않습니다. 줄이 바뀌더라도 약자를 사용하지 않습니다.

| | | | |
|---|---|---|---|
| 쭈그리고 | | 우그리고 | |
| 오그리고 | | 찡그리고 | |

다리를 쭈그리고 있었더니 저리다

다리는 오그리고, 얼굴은 찡그리고 앉아 있는 못난이 인형

그는 뜨거운 햇볕에 얼굴을 찡그리고 손수건으로 이마의 땀을 닦았다

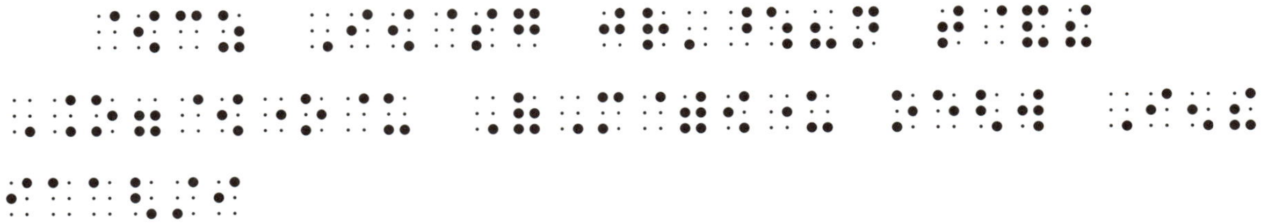

## 7. 문장부호

### 1) 마침표

| | | |
|---|---|---|
| . | 마침표 | ⠲ |

마침표는 앞말은 붙여 쓰고 뒷말은 띄어 씁니다.

젊은이는 나라의 기둥이다.

### 2) 물음표

| | | |
|---|---|---|
| ? | 물음표 | ⠦ |

물음표는 앞말은 붙여 쓰고 뒷말은 띄어 씁니다.

이름이 뭐지?

## 3) 느낌표

| | | |
|---|---|---|
| ! | 느낌표 | ⠖ |

느낌표는 앞말은 붙여 쓰고 뒷말은 띄어 씁니다.

이게 누구야!

⠕⠈⠝ ⠉⠍⠈⠍⠜⠖

## 4) 쉼표

| | | |
|---|---|---|
| , | 쉼표 | ⠐ |

쉼표는 앞말은 붙여 쓰고 뒷말은 띄어 씁니다.

근면, 검소, 협동은 우리 겨레의 미덕

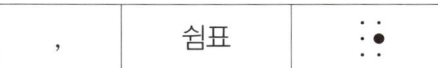

⠈⠵⠑⠡⠐ ⠈⠎⠢⠠⠥⠐ ⠚⠱⠃⠊⠿⠵ ⠍⠐⠕ ⠈⠱⠐⠝⠺
⠑⠕⠊⠹

## 5) 큰따옴표

| | | |
|---|---|---|
| “ | 여는 큰 따옴표 | ⠦ |
| ” | 닫는 큰 따옴표 | ⠴ |

예로부터 “민심은 천심이다.”라고 하였다.

## 6) 작은따옴표

| | | |
|---|---|---|
| ‘ | 여는 작은 따옴표 | ⠠⠦ |
| ’ | 닫는 작은 따옴표 | ⠴⠄ |

나는 ‘일이 다 틀렸나 보군.’ 하고 생각하였다.

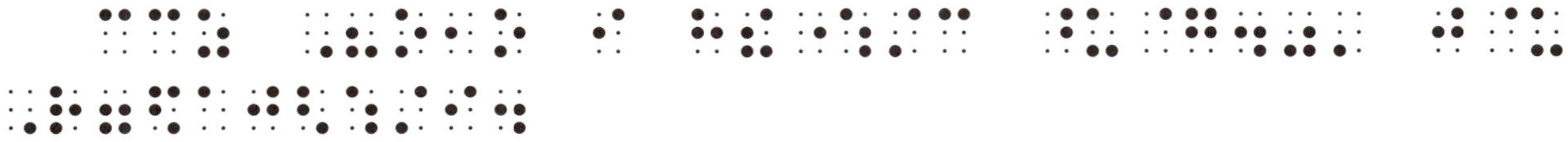

## 7) 줄임표

| | | |
|---|---|---|
| … | 가운뎃점 모양의 줄임표 | ⠠⠠⠠ |
| ... | 마침표 모양의 줄임표 | ⠲⠲⠲ |

가운뎃점으로 쓴 줄임표는 6점 세 개를 쓰고, 마침표로 쓴 줄임표는 2-5-6점 세 개를 쓰되, 띄어쓰기는 묵자를 따릅니다.

"어디 나하고 한번…" 하고 철수가 나섰다.

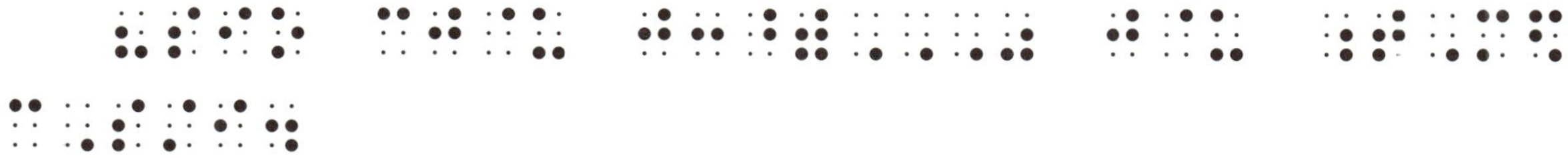

"실은... 저 사람... 우리 아저씨일지 몰라."

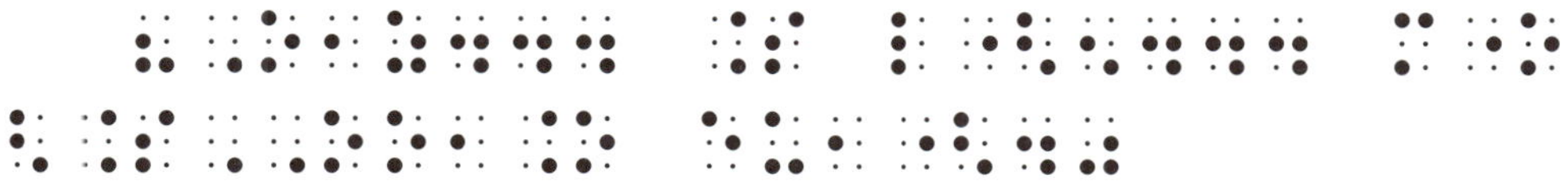

## 8) 별표

| | | |
|---|---|---|
| * | 별표 |  |

별표는 뒷말을 띄어 써야 합니다.

* 야애: 들에 낀 안개

[다만] 각주를 적을 때 사용하는 별표는 그 앞말과 뒷말을 모두 붙여 씁니다.

가우디의 건축물들은 자연에서 작품의 모티프*를 따와 대부분 수학적인 곡선이 주를 이룬다.

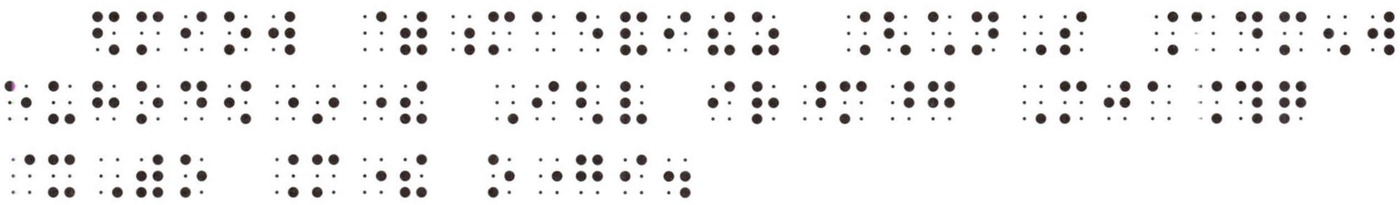

## 9) 붙임표

| | | |
|---|---|---|
| - | 붙임표 | ⠤ |

붙임표는 앞말과 뒷말을 모두 붙여 씁니다.

겨울-나그네 불-구경

⠈⠱⠯⠤⠉⠈⠪⠉⠝ ⠘⠯⠤⠈⠍⠈⠻

## 10) 줄표·물결표

| | | |
|---|---|---|
| — | 줄표 | ⠤⠤ |
| ~ | 물결표 | ⠈⠔ |

사과—과일의 일종—는 빨간색이다.

⠇⠈⠧⠤⠤⠈⠧⠕⠂⠺ ⠕⠂⠨⠿⠤⠤⠉⠵
⠠⠘⠂⠫⠒⠠⠗⠁⠕⠊⠲

물결표는 앞말과 뒷말을 모두 붙여 쓴다.

9월 15일~9월 25일

⠼⠊⠏⠂ ⠼⠁⠑⠕⠂⠈⠔⠼⠊⠏⠂ ⠼⠃⠑⠕⠂

## 11) 강조된 글자체

① 드러냄표나 밑줄로 강조된 글자체

| | | |
|---|---|---|
| °, _ | 드러냄표나 밑줄 시작 | ⠠⠤ |
| °, _ | 드러냄표나 밑줄 끝 | ⠤⠄ |

드러냄표(°)나 밑줄(_)로 강조된 글자는 해당 글자의 앞에 6점, 3-6점을, 뒤에 3-6점, 3점을 적어 나타냅니다.

한글 점자의 본 이름은 훈맹정음이다.

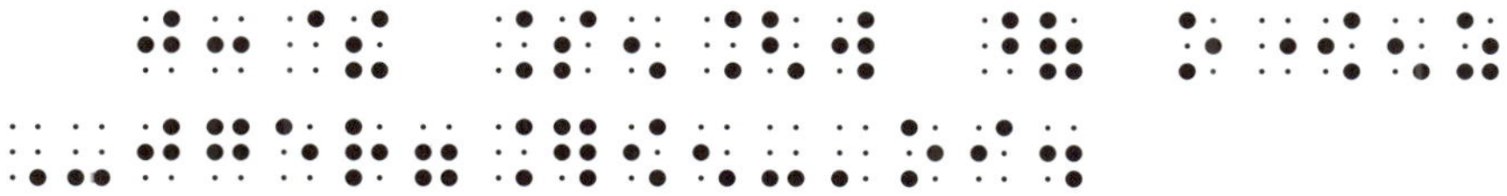

다음 보기에서 명사가 아닌 것은?

② 굵은 글자로 강조된 글자체

| | |
|---|---|
| 굵은 글자 시작 | ⠰⠤ |
| 굵은 글자 끝 | ⠤⠆ |

굵은 글자로 강조된 글자는 해당 글자의 앞에 5-6점, 3-6점을, 뒤에 3-6점, 2-3점을 적어 나타냅니다.

서울은 대한민국의 **수도**이다.

## 12) 소괄호

| | | |
|---|---|---|
| ( | 여는 소괄호 | ⠦⠄ |
| ) | 닫는 소괄호 | ⠠⠴ |

니체(독일의 철학자)는 이렇게 말했다.

## 13) 중괄호

| | | |
|---|---|---|
| { | 여는 중괄호 | ⠦⠂ |
| } | 닫는 중괄호 | ⠐⠴ |

국가의 3요소 { 국토 국민 주권 }

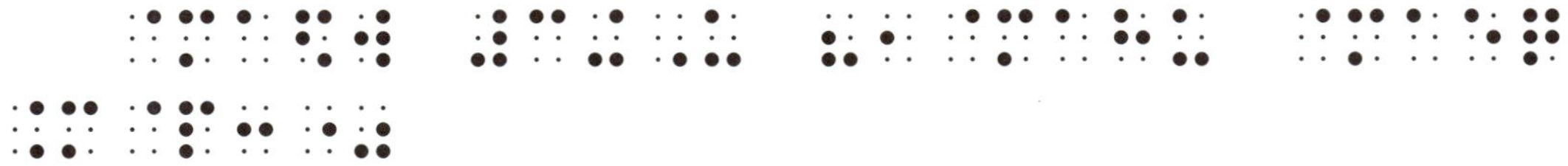

## 14) 대괄호

| | | |
|---|---|---|
| [ | 여는 대괄호 | ⠦⠆ |
| ] | 닫는 대괄호 | ⠰⠴ |

나이[연세]

[붙임] 발음을 표시하는 괄호는 대괄호 표기법에 따라 적는다.

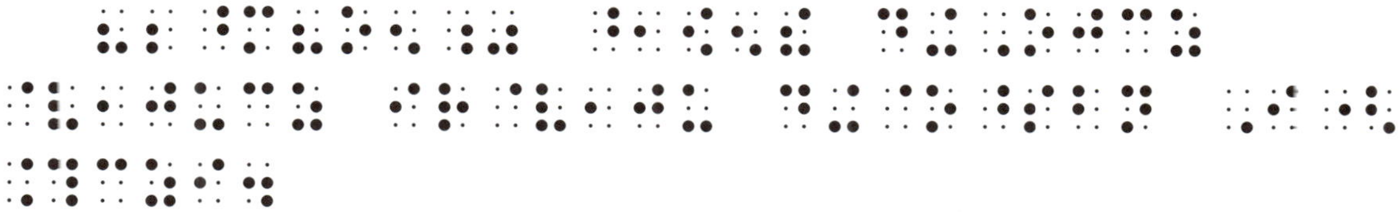

꽃망울[꼰망울]

## 15) 겹낫표·홑낫표

| | | |
|---|---|---|
| 『 | 여는 겹낫표 |  |
| 』 | 닫는 겹낫표 |  |
| 「 | 여는 홑낫표 |  |
| 」 | 닫는 홑낫표 |  |

『훈민정음』

「축배의 노래」

## 16) 겹화살괄호·홑화살괄호

| | | |
|---|---|---|
| 《 | 여는 겹화살괄호 | ⠰⠶ |
| 》 | 닫는 겹화살괄호 | ⠶⠆ |
| 〈 | 여는 홑화살괄호 | ⠐⠶ |
| 〉 | 닫는 홑화살괄호 | ⠶⠂ |

《한성순보》

⠰⠶⠚⠒⠠⠻⠠⠛⠘⠥⠶⠆

〈로마자 표기법〉

⠐⠶⠐⠥⠑⠨ ⠙⠬⠈⠕⠘⠎⠃⠶⠂

## 17) 가운뎃점

| | | |
|---|---|---|
| · | 가운뎃점 | ⠐⠆ |

가운뎃점은 앞말과 뒷말을 모두 붙여 씁니다.

정치·경제

⠨⠻⠰⠕⠐⠆⠈⠻⠨⠝

## 18) 쌍점

| : | 쌍점 | ⠐⠂ |
|---|---|---|

쌍점은 앞말은 붙여 쓰고 뒷말은 띄어 씁니다

장소: 올림픽 공원

## 19) 쌍반점

| ; | 쌍반점 | ⠰⠆ |
|---|---|---|

쌍반점은 앞말은 붙여 쓰고 뒷말은 띄어 씁니다

상점에는 배추, 시금치, 당근과 같은 야채; 미역, 생선, 젓갈 등과 같은 수산물이 있었다.

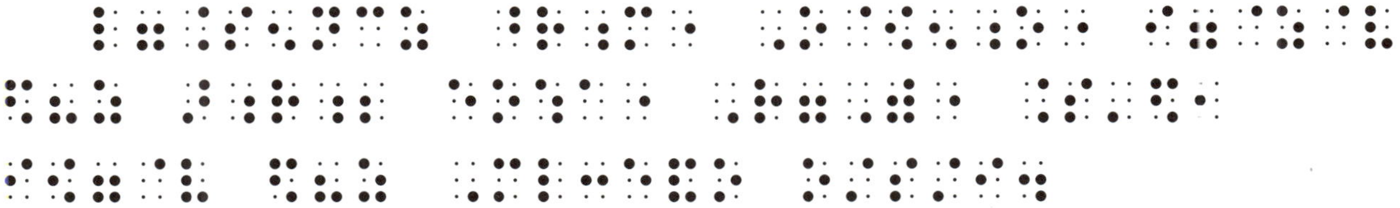

## 20) 숨김표

(1) 동그라미 모양의 숨김표

| | | |
|---|---|---|
| ○ | 동그라미 모양의 숨김표 | ⠸⠴⠇ |

모집 인원: ○명

⠑⠥⠨⠕⠃ ⠟⠏⠒⠐⠂ ⠸⠴⠇⠑⠻

동그라미 모양의 숨김표가 여럿일 때에는 (⠸ 4-5-6점)과 (⠇ 1-2-3점) 사이에 (⠴ 3-5-6점)을 그 개수만큼 적어 나타냅니다.

육군 ○○부대

⠩⠁⠈⠛ ⠸⠴⠴⠇⠘⠍⠊⠗

(2) 가위표 모양의 숨김표

| | | |
|---|---|---|
| × | 가위표 모양의 숨김표 | ⠸⠭⠇ |

그 말을 듣는 순간 ×란 말이 목구멍까지 치밀었다.

⠈⠪ ⠑⠂⠮ ⠊⠪⠔⠉⠵ ⠠⠛⠫⠒ ⠸⠭⠇⠐⠣⠒ ⠑⠂⠕
⠑⠭⠈⠍⠑⠎⠶⠠⠫⠨⠕ ⠰⠕⠑⠕⠂⠎⠌⠊⠲

가위표 모양의 숨김표가 여럿일 때에는 (⠸ 4-5-6점)과 (⠇ 1-2-3점) 사이에 (⠭ 1-3-4-6점)을 그 개수만큼 적어 나타냅니다.

이 ××야!

⠕ ⠸⠭⠭⠇⠜⠖

(3) 세모 모양의 숨김표

| | | |
|---|---|---|
| △ | 세모 모양의 숨김표 |  |

△월 △일

세고 모양의 숨김표가 여럿일 때에는 (⠸ 4-5-6점)과 (⠇ 1-2-3점) 사이에 (⠬ 3-4-6점)을 그 개수만큼 적어 나타냅니다.

△△고등학교

## 21) 빠짐표

| | | |
|---|---|---|
| □ | 빠짐표 |  |

빠짐표가 여럿일 때에는 (⠸ 4-5-6점)과 (⠇ 1-2-3점)사이에 (⠶ 2-3-5-6점)을 그 개수만큼 적어 나타냅니다.

훈민정음의 초성 중에서 아음은 □□□의 석 자다.

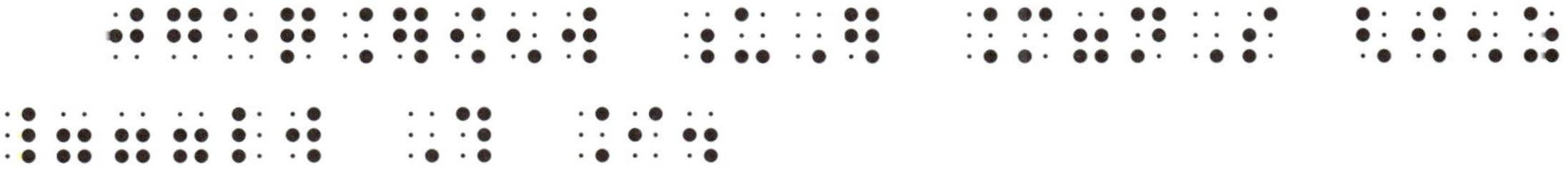

## 22) 빗금

| / | 빗금 |  |
|---|---|---|

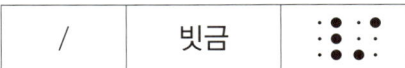

빗금의 띄어쓰기는 묵자를 따르되, 「한글 맞춤법」의 문장 부호의 규정을 준수합니다.

① 대비되는 두 개 이상의 어구를 묶어 나타낼 때는 빗금의 앞뒤를 붙여 쓰되, 대비되는 어구가 두 어절 이상인 경우에는 빗금의 앞뒤를 띄어 쓸 수 있습니다.

남반구/북반구 

착한 사람 / 악한 사람

② 기준 단위당 수량을 표시할 때 해당 수량과 기준 단위 사이의 빗금은 앞뒤를 붙여 씁니다.

1,000원/개 

③ 시의 행이 바뀌는 부분임을 나타낼 때

빗금은 앞말과 뒷말에 띄어 쓰는 것이 원칙이되, 붙여 쓰는 것도 허용됩니다.

사과를 그리다 보면 / 배가 되고 / 배를 그리다 보면 / 사과가 된다.

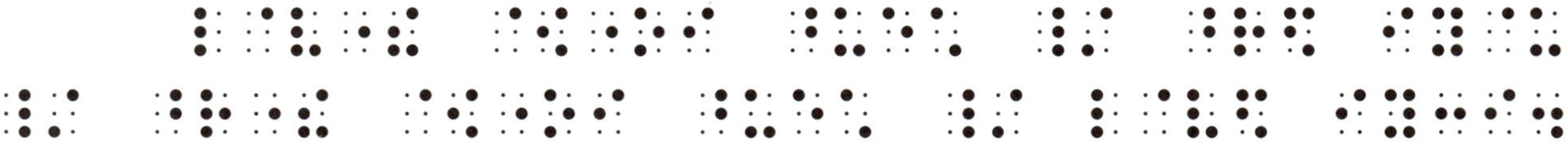

## 23) 점역자 주표

| | |
|---|---|
| 점역자 주표 | ⠠⠄ |

표의 가로와 세로를 바꾸어 점역하였음.

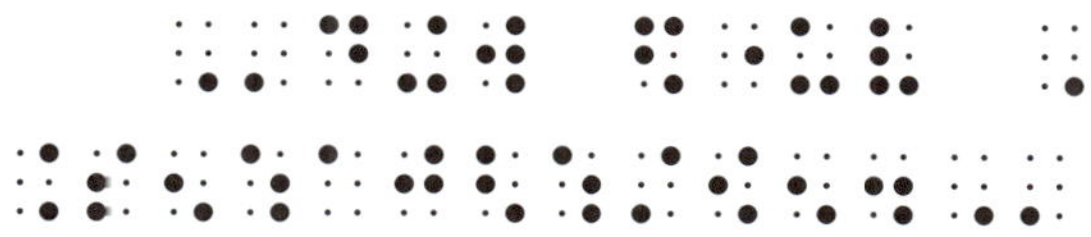

## 24) 문장 연습

우체통 앞에서 어린 꼬마가 발을 동동 구르고 있었다.

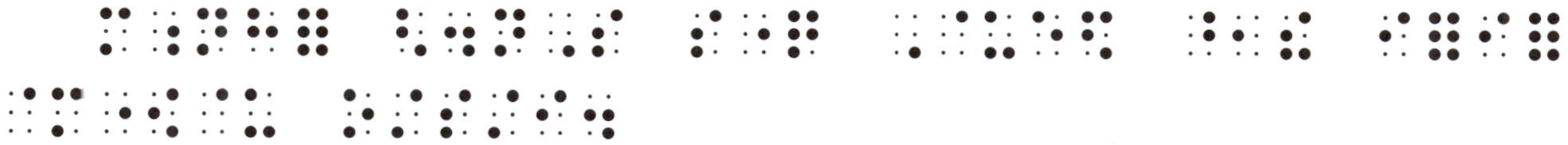

이제 막 글을 깨칠 나이가 되었음 직한 꼬마는 서툴게 써진 편지 봉투를 우체통 입구에 넣으려 애쓰고 있었다.

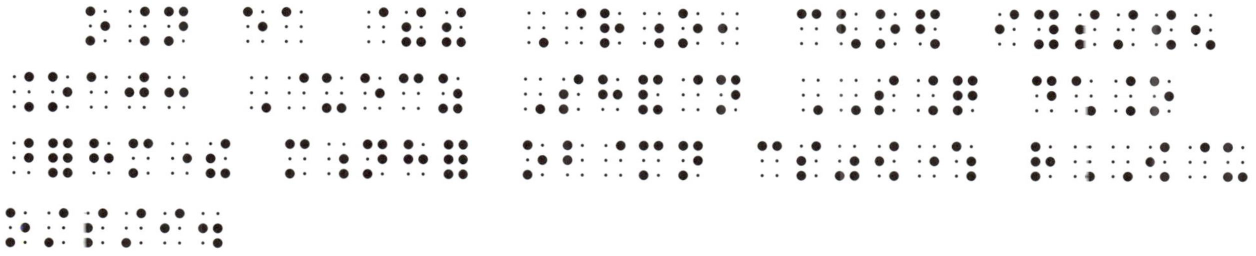

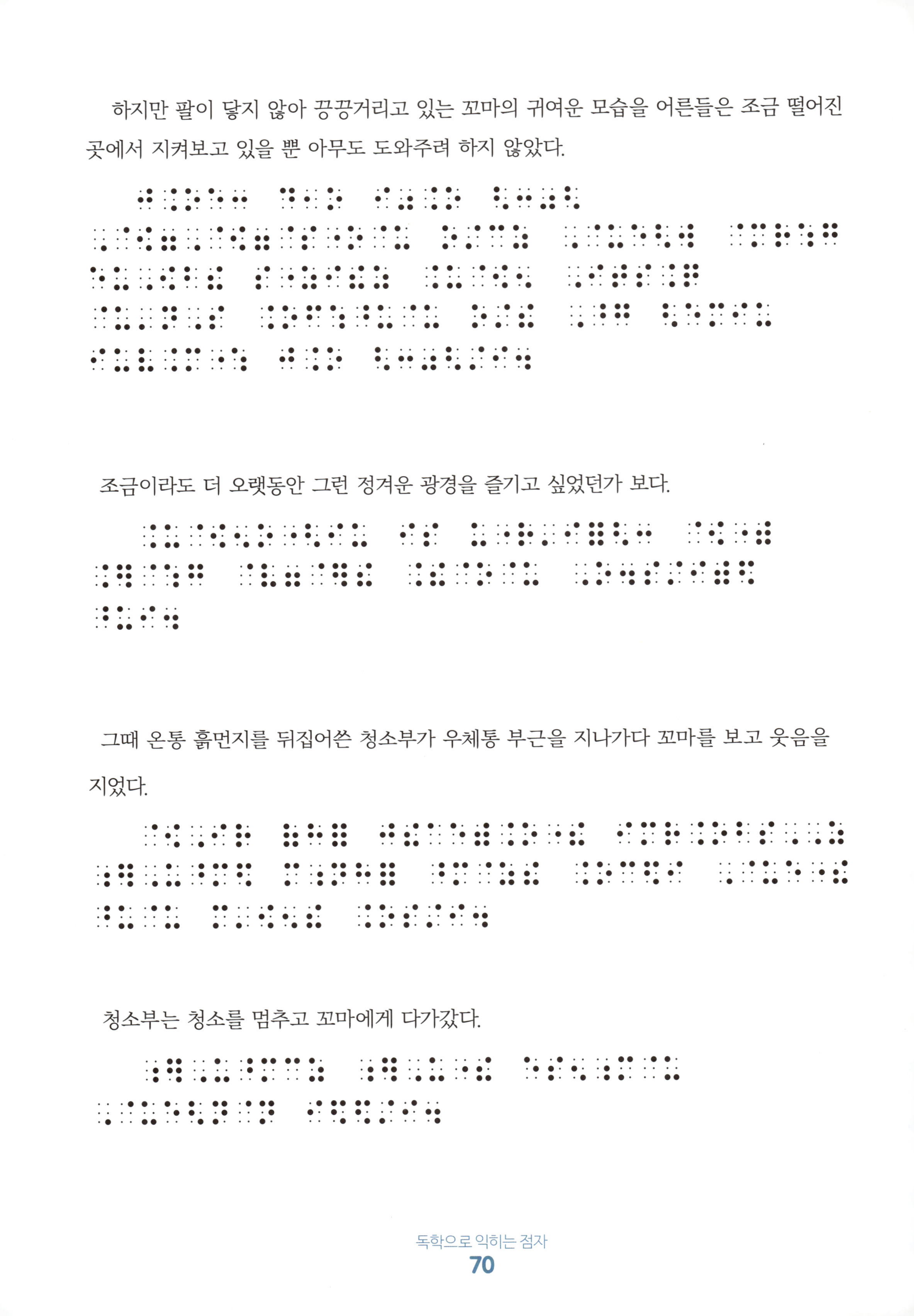

하지만 팔이 닿지 않아 끙끙거리고 있는 꼬마의 귀여운 모습을 어른들은 조금 떨어진 곳에서 지켜보고 있을 뿐 아무도 도와주려 하지 않았다.

조금이라도 더 오랫동안 그런 정겨운 광경을 즐기고 싶었던가 보다.

그때 온통 흙먼지를 뒤집어쓴 청소부가 우체통 부근을 지나가다 꼬마를 보고 웃음을 지었다.

청소부는 청소를 멈추고 꼬마에게 다가갔다.

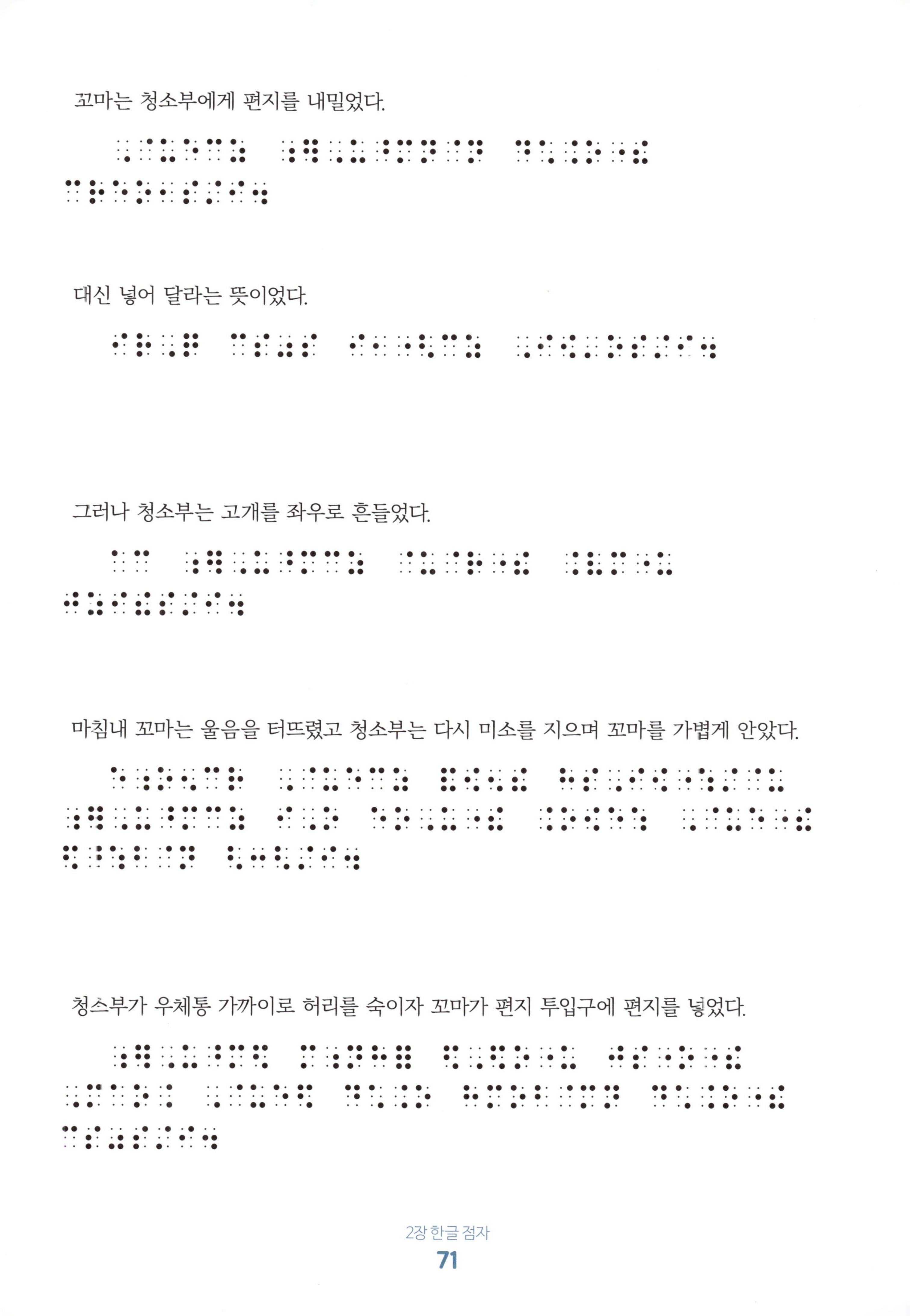

꼬마는 청소부에게 편지를 내밀었다.

대신 넣어 달라는 뜻이었다.

그러나 청소부는 고개를 좌우로 흔들었다.

마침내 꼬마는 울음을 터뜨렸고 청소부는 다시 미소를 지으며 꼬마를 가볍게 안았다.

청소부가 우체통 가까이로 허리를 숙이자 꼬마가 편지 투입구에 편지를 넣었다.

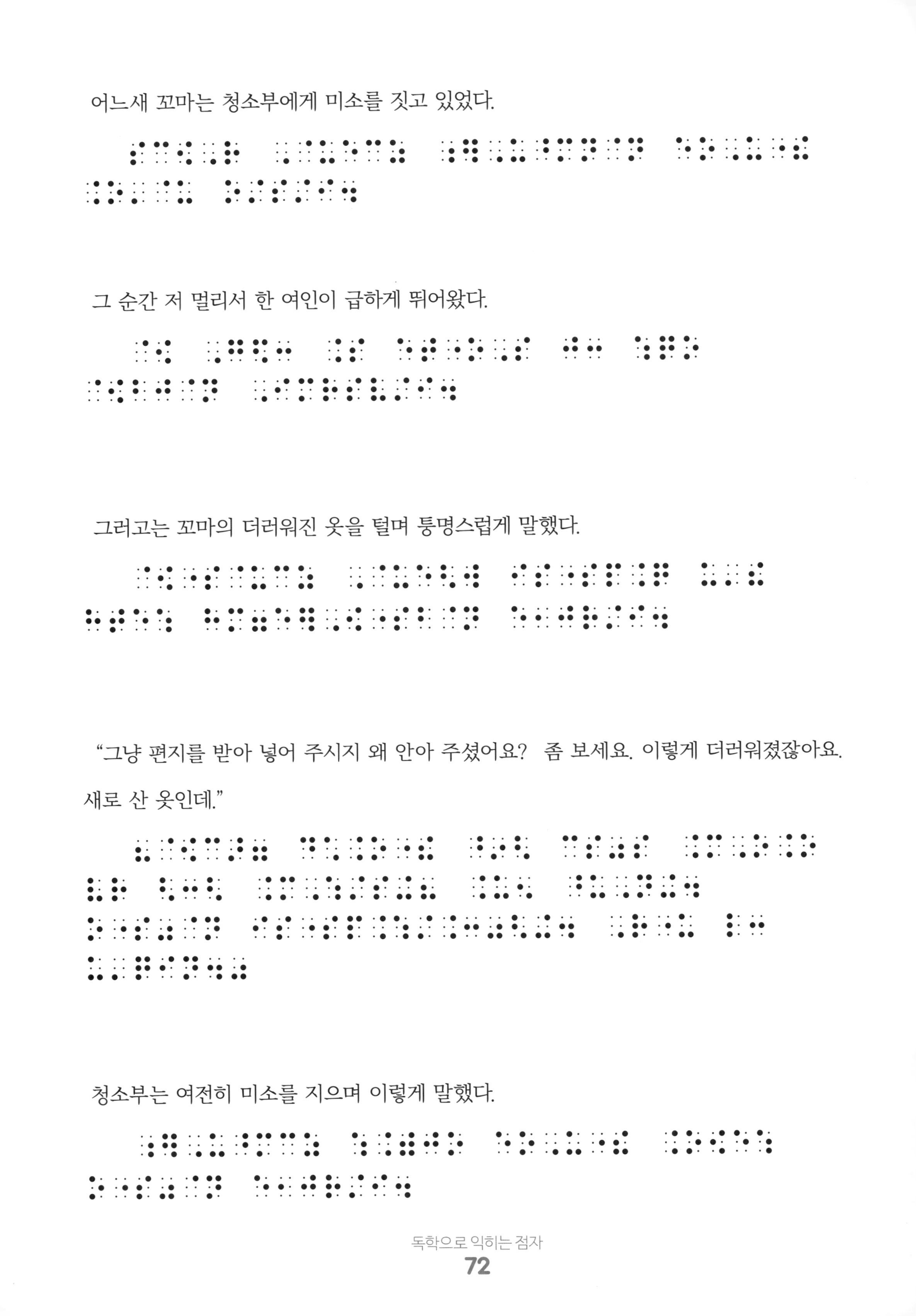

어느새 꼬마는 청소부에게 미소를 짓고 있었다.

그 순간 저 멀리서 한 여인이 급하게 뛰어왔다.

그러고는 꼬마의 더러워진 옷을 털며 퉁명스럽게 말했다.

"그냥 편지를 받아 넣어 주시지 왜 안아 주셨어요? 좀 보세요. 이렇게 더러워졌잖아요. 새로 산 옷인데."

청소부는 여전히 미소를 지으며 이렇게 말했다.

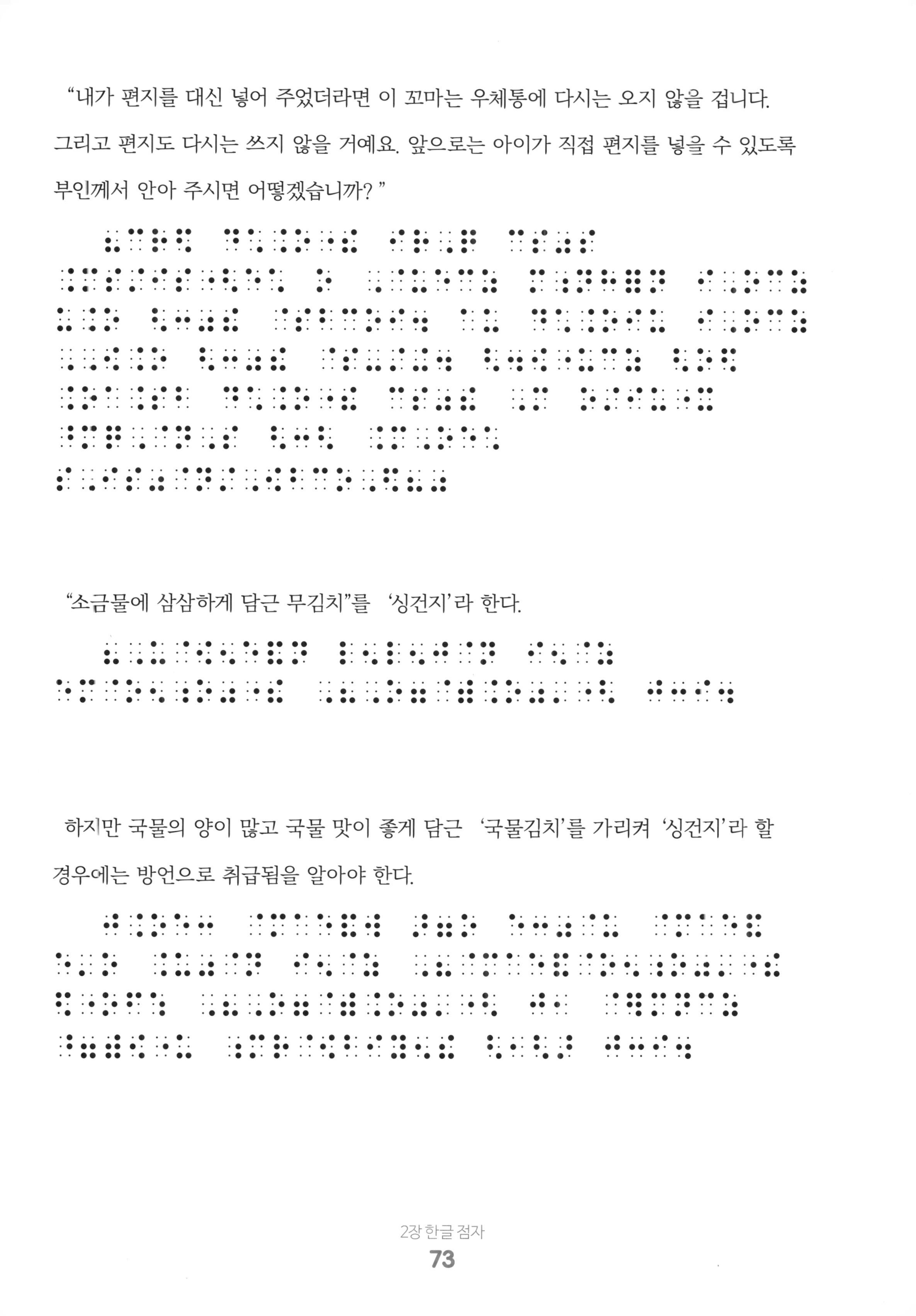

“내가 편지를 대신 넣어 주었더라면 이 꼬마는 우체통에 다시는 오지 않을 겁니다. 그리고 편지도 다시는 쓰지 않을 거예요. 앞으로는 아이가 직접 편지를 넣을 수 있도록 부인께서 안아 주시면 어떻겠습니까?”

“소금물에 삼삼하게 담근 무김치”를 ‘싱건지’라 한다.

하지만 국물의 양이 많고 국물 맛이 좋게 담근 ‘국물김치’를 가리켜 ‘싱건지’라 할 경우에는 방언으로 취급됨을 알아야 한다.

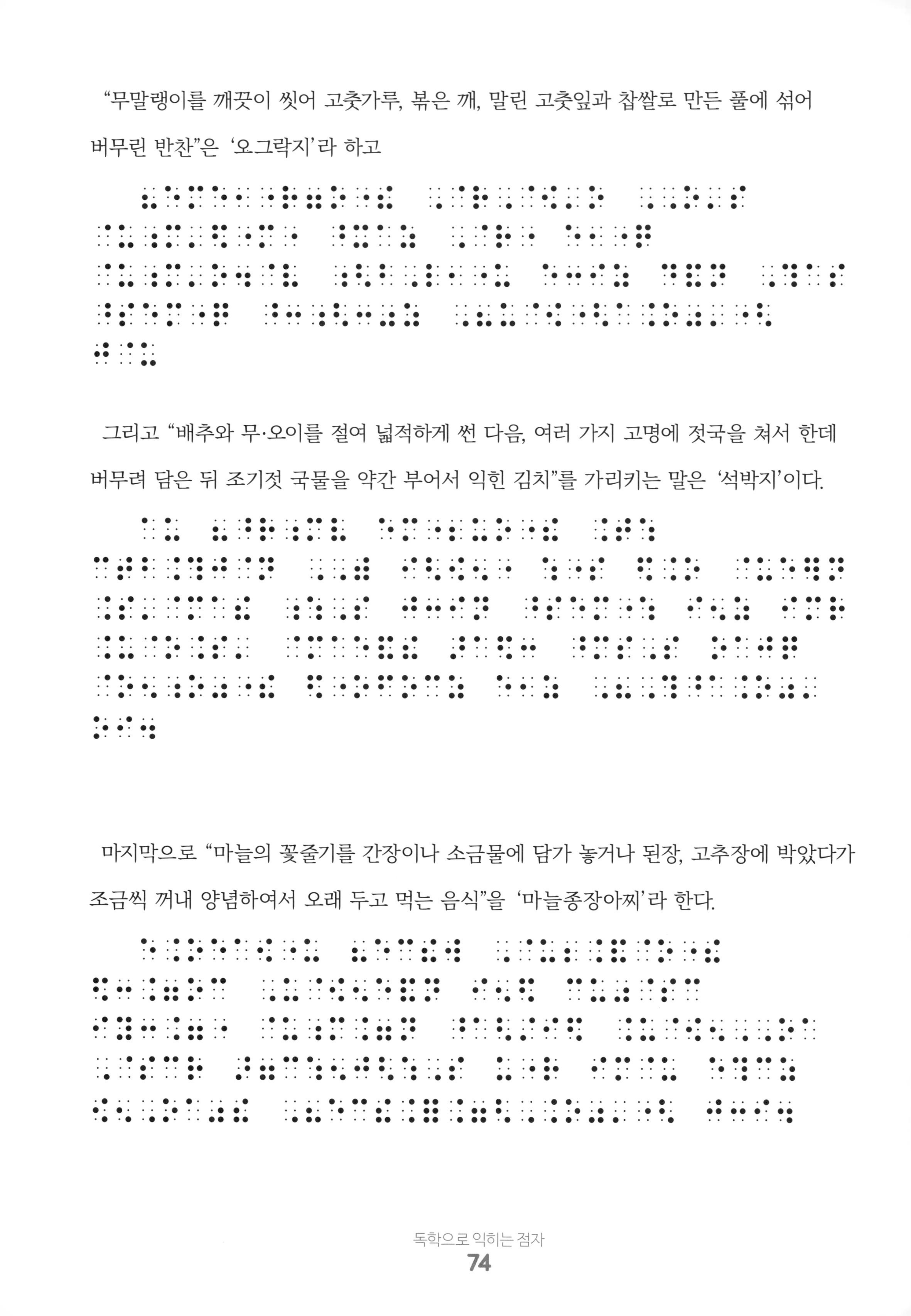

“무말랭이를 깨끗이 씻어 고춧가루, 볶은 깨, 말린 고춧잎과 찹쌀로 만든 풀에 섞어 버무린 반찬”은 ‘오그락지’라 하고

그리고 “배추와 무·오이를 절여 넓적하게 썬 다음, 여러 가지 고명에 젓국을 쳐서 한데 버무려 담은 뒤 조기젓 국물을 약간 부어서 익힌 김치”를 가리키는 말은 ‘석박지’이다.

마지막으로 “마늘의 꽃줄기를 간장이나 소금물에 담가 놓거나 된장, 고추장에 박았다가 조금씩 꺼내 양념하여서 오래 두고 먹는 음식”을 ‘마늘종장아찌’라 한다.

# 8. 숫자

점자에서 숫자를 나타낼 때에는 '앞으로 나오는 것이 숫자입니다'라는 의미로 수표를 써야 합니다. 그렇지 않으면 앞으로 나오는 글자가 숫자인지 알 수 없기 때문입니다.

## 1) 숫자 1에서 0까지 표기할 때

숫자는 수표 (⠼ 3-4-5-6점)를 앞세워 적으며, 숫자를 나타내는 점형은 6개 점형 중 하단 3-6점을 제외한 (⠛ 1-2-4-5점)으로 숫자를 만듭니다.

하단을 제외한 한 칸 점형 4개(1점, 2점, 4점, 5점) 중 1점만이 숫자에 들어갑니다. (⠁ 1점)은 숫자 1입니다.

하간을 제외한 두 칸 점형 6개(1-2점, 1-4점, 1-5점, 2-4점, 2-5점, 4-5점) 중에서 2-5점과 4-5점을 제외한 1-2점, 1-4점, 1-5점, 2-4점 4개가 숫자에 들어갑니다. (⠃ 1-2점)은 숫자 2, (⠉ 1-4점)은 숫자 3, (⠑ 1-5점)은 숫자 5, (⠊ 2-4점)은 숫자 9입니다.

하간을 제외한 세 칸 점형(1-2-4점, 1-2-5점, 1-4-5점, 2-4-5점) 4개가 모두 숫자에 들어갑니다. (⠋ 1-2-4점)은 숫자 6, (⠓ 1-2-5점)은 숫자 8, (⠙ 1-4-5점)은 숫자 4, (⠚ 2-4-5점)은 숫자 0입니다.

하단을 제외한 네 칸 점형(1-2-4-5점) 1개가 숫자에 들어갑니다. (⠛ 1-2-4-5점)은 숫자 7입니다.

숫자 1~0의 점형은 나중에 배울 알파벳 a~j의 점형과 같습니다.

숫자 1은 수표 (⠼ 3-4-5-6점)을 먼저 쓰고 하단을 제외한 한 칸 점형 (⠁ 1점)을 씁니다.

숫자 2, 3, 5, 9는 수표 (⠼ 3-4-5-6점)을 먼저 쓰고 하단을 제외한 두 칸 점형 (⠃ 1-2점), (⠉ 1-4점), (⠑ 1-5점), (⠊ 2-4점)을 씁니다.

숫자 6, 8, 4, 0은 수표 (⠼ 3-4-5-6점)을 먼저 쓰고 하단을 제외한 세 칸 점형 (⠋ 1-2-4점), (⠓ 1-2-5점), (⠙ 1-4-5점), (⠚ 2-4-5점)을 씁니다.

숫자 7은 수표 (⠼ 3-4-5-6점)을 먼저 쓰고 하단을 제외한 네 칸 점형 (⠛ 1-2-4-5점)을 씁니다.

숫자 1에서 0까지는 다음과 같습니다.

| 수표 | 1 | 2 | 3 | 4 | 5 | 6 | 7 | 8 | 9 | 0 |
|---|---|---|---|---|---|---|---|---|---|---|
| ⠼ | ⠁ | ⠃ | ⠉ | ⠙ | ⠑ | ⠋ | ⠛ | ⠓ | ⠊ | ⠚ |

## 2) 두 자리 이상의 숫자를 표기할 때

수표는 처음에 한 번만 적어 나타냅니다. 두 숫자 사이에 빈칸이 있을 경우 수표의 효력이 정지되므로 수표를 다시 적어 주어야 합니다. 숫자의 효력은 13개 자음 중 'ㄴ'(⠉ 1-4점), 'ㄷ'(⠊ 2-4점), 'ㅁ'(⠑ 1-5점), 'ㅋ'(⠋ 1-2-4점), 'ㅌ'(⠓ 1-2-5점), 'ㅍ'(⠙ 2-4-5점), 'ㅎ'(⠚ 2-4-5점)을 제외한 나머지 자음과 10개 모음, 그 밖의 모음이 나오면 숫자의 효력이 정지됩니다.

500 123 4567

⠼⠑⠚⠚ ⠼⠁⠃⠉ ⠼⠙⠑⠋⠛

숫자 사이에 '.'(마침표), ','(쉼표), 연결표(⠠ 6점)가 붙어 나올 때에는 뒤의 숫자에 수표를 다시 적지 않습니다.

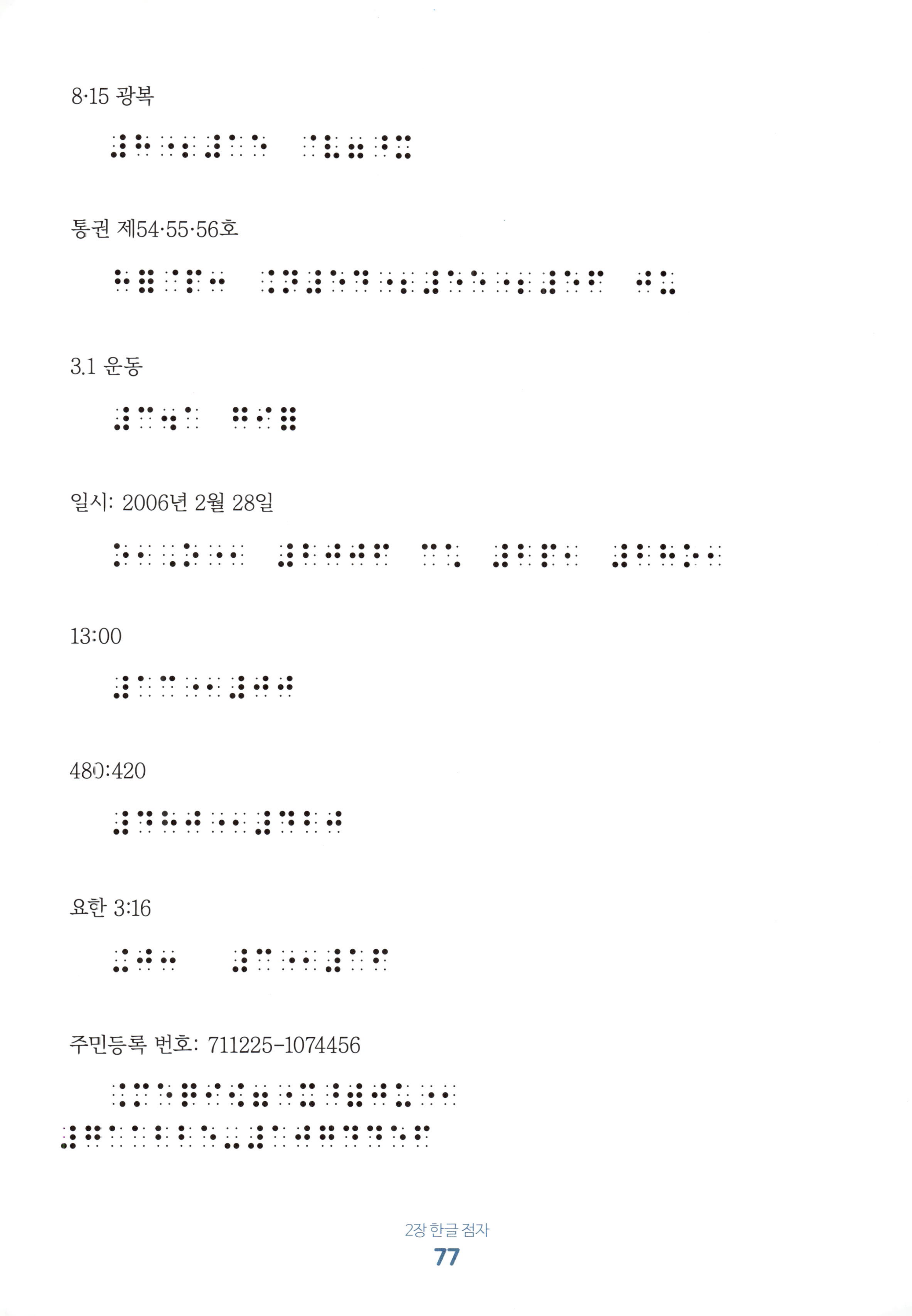

8·15 광복

통권 제54·55·56호

3.1 운동

일시: 2006년 2월 28일

13:00

480:420

요한 3:16

주민등록 번호: 711225-1074456

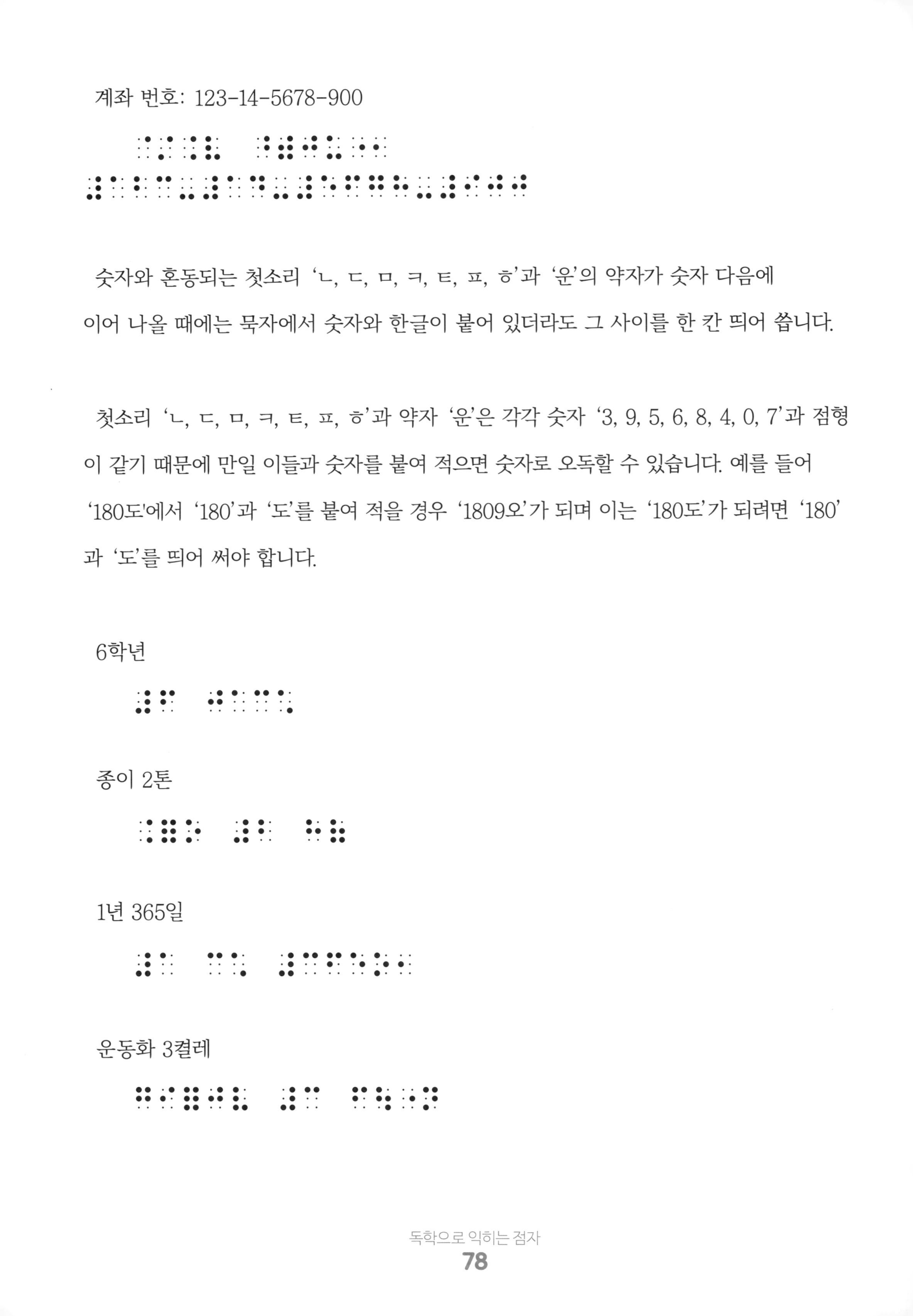

계좌 번호: 123-14-5678-900

숫자와 혼동되는 첫소리 'ㄴ, ㄷ, ㅁ, ㅋ, ㅌ, ㅍ, ㅎ'과 '운'의 약자가 숫자 다음에 이어 나올 때에는 묵자에서 숫자와 한글이 붙어 있더라도 그 사이를 한 칸 띄어 씁니다.

첫소리 'ㄴ, ㄷ, ㅁ, ㅋ, ㅌ, ㅍ, ㅎ'과 약자 '운'은 각각 숫자 '3, 9, 5, 6, 8, 4, 0, 7'과 점형이 같기 때문에 만일 이들과 숫자를 붙여 적으면 숫자로 오독할 수 있습니다. 예를 들어 '180도'에서 '180'과 '도'를 붙여 적을 경우 '1809오'가 되며 이는 '180도'가 되려면 '180'과 '도'를 띄어 써야 합니다.

6학년

종이 2톤

1년 365일

운동화 3켤레

360도

3면

7항

3·1운동

대한민국 임시 정부 수립일은 1919년 4월 13일이다.

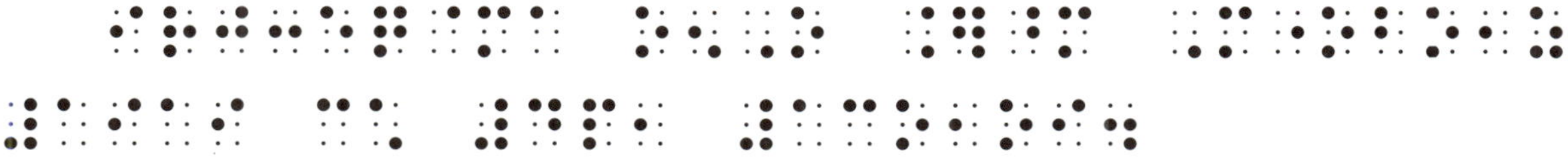

**참고** 이 규정은 묵자에서 숫자와 한글이 붙어 있더라도 점자에서는 혼동을 피하기 위해 숫자와 한글을 띄어 쓰도록 하고 있습니다.

모기, 10미터 떨어진 목소리도 듣는다

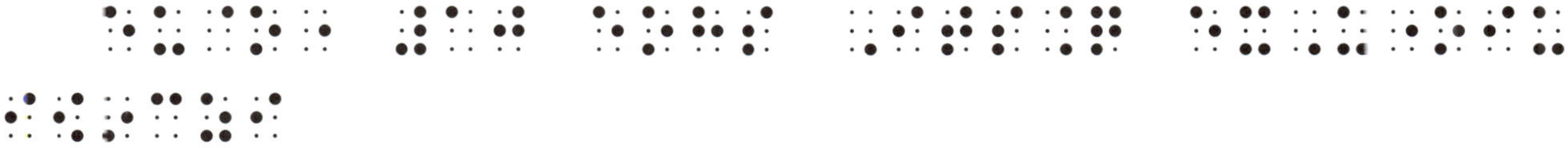

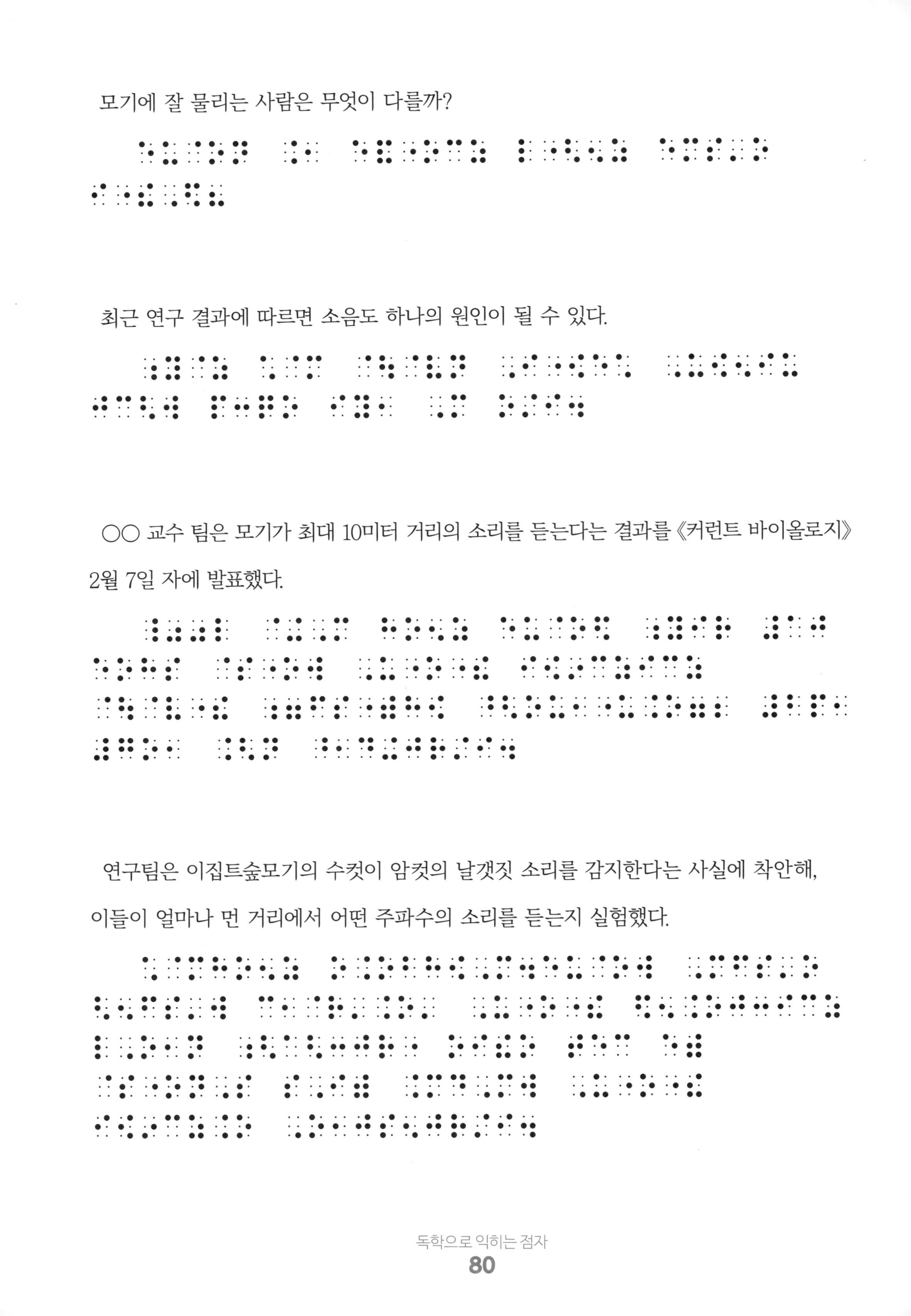

모기에 잘 물리는 사람은 무엇이 다를까?

최근 연구 결과에 따르면 소음도 하나의 원인이 될 수 있다.

○○ 교수 팀은 모기가 최대 10미터 거리의 소리를 듣는다는 결과를《커런트 바이올로지》 2월 7일 자에 발표했다.

연구팀은 이집트숲모기의 수컷이 암컷의 날갯짓 소리를 감지한다는 사실에 착안해, 이들이 얼마나 먼 거리에서 어떤 주파수의 소리를 듣는지 실험했다.

그간 이집트숲모기는 수 센티미터 떨어진 인근의 소리만 들을 수 있는 것으로 알려져 있었다.

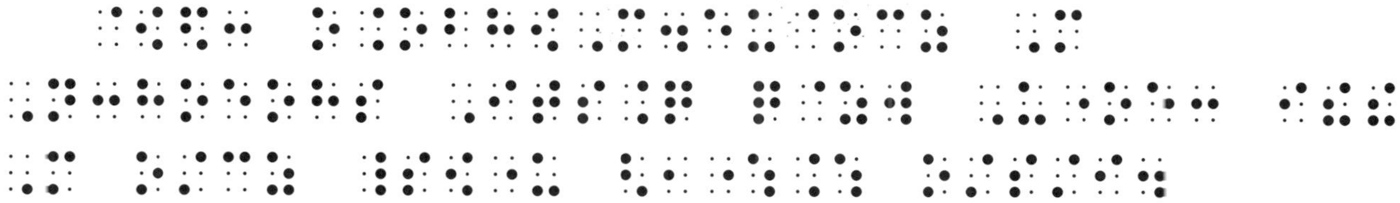

모기는 150~500 헤르츠의 주파수,

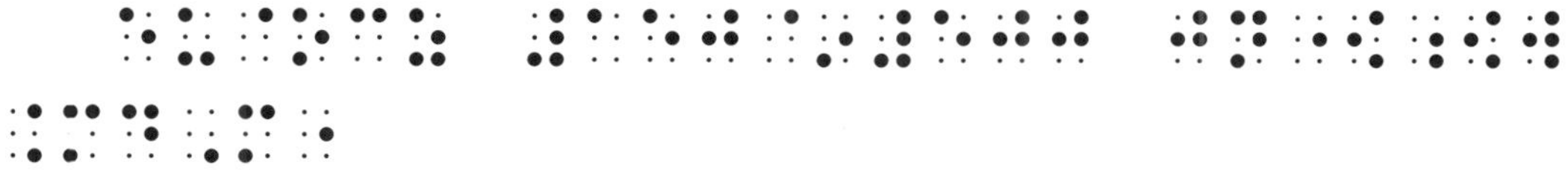

평균 31데시벨 크기의 소리에 가장 민감하게 반응했다.

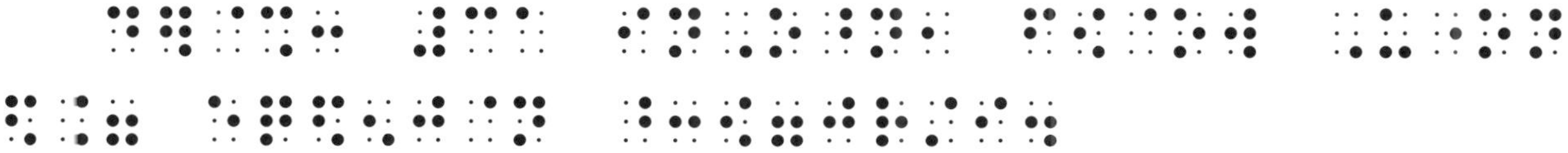

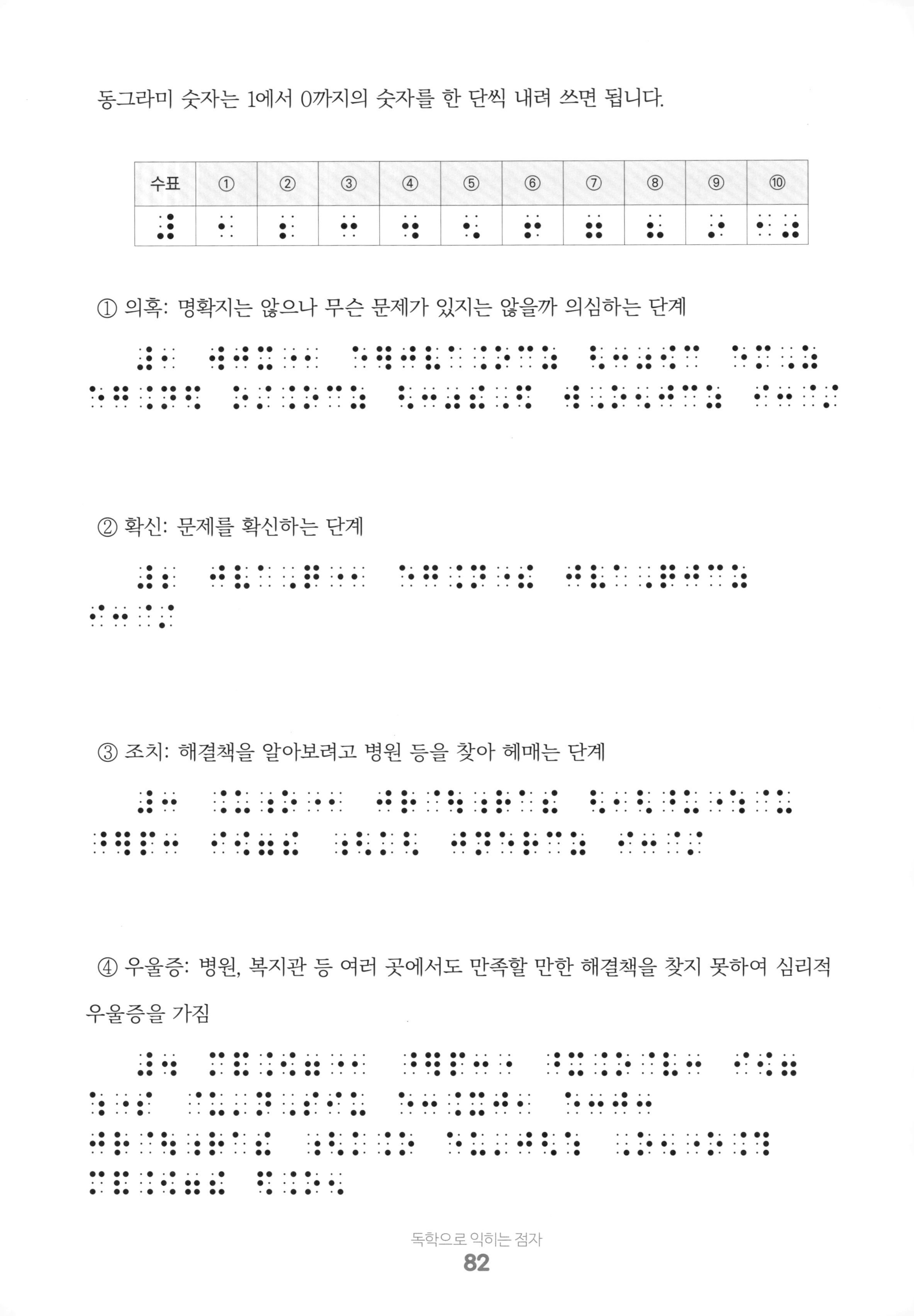

동그라미 숫자는 1에서 0까지의 숫자를 한 단씩 내려 쓰면 됩니다.

| 수표 | ① | ② | ③ | ④ | ⑤ | ⑥ | ⑦ | ⑧ | ⑨ | ⑩ |
|---|---|---|---|---|---|---|---|---|---|---|
| ⠼ | ⠂ | ⠆ | ⠒ | ⠲ | ⠢ | ⠖ | ⠶ | ⠦ | ⠔ | ⠂⠴ |

① 의혹: 명확지는 않으나 무슨 문제가 있지는 않을까 의심하는 단계

② 확신: 문제를 확신하는 단계

③ 조치: 해결책을 알아보려고 병원 등을 찾아 헤매는 단계

④ 우울증: 병원, 복지관 등 여러 곳에서도 만족할 만한 해결책을 찾지 못하여 심리적 우울증을 가짐

⑤ 수용: 장애를 전적으로 받아들이는 단계

⠼⠢ ⠠⠍⠬⠶⠐⠂ ⠨⠶⠗⠐⠮ ⠨⠾⠨⠹⠪⠐⠥
⠘⠔⠣⠊⠮⠕⠉⠵ ⠊⠒⠈⠌

⑥ 공동체 형성: 문제해결을 위해 모임 결성

⠼⠖ ⠈⠿⠊⠿⠰⠝ ⠚⠻⠠⠻⠐⠂ ⠑⠛⠨⠝⠚⠗⠈⠳⠮
⠍⠗⠚⠗ ⠑⠥⠕⠢ ⠈⠳⠠⠻

# 9. 영어 알파벳과 단위

## 1) 영어 알파벳

알파벳 A에서 J까지는 숫자 1에서 0과 같습니다.(1~9, 0)

알파벳 K에서 T까지는 숫자 1에서 0에 3점을 더해서 씁니다.

W를 제외하고 알파벳 U에서 Z까지는 숫자 1에서 5에 (⠤ 3-6점)을 더해서 씁니다.

루이브라유가 점자를 만들 때 불어에서는 W가 없어서 W는 예외로 (⠺ 2-4-5-6점)을 쓰게 되었습니다.

알파벳 A에서 Z까지는 다음과 같습니다.

| a | b | c | d | e | f | g | h | i | j |
|---|---|---|---|---|---|---|---|---|---|
| ⠁ | ⠃ | ⠉ | ⠙ | ⠑ | ⠋ | ⠛ | ⠓ | ⠊ | ⠚ |
| k | l | m | n | o | p | q | r | s | t |
| ⠅ | ⠇ | ⠍ | ⠝ | ⠕ | ⠏ | ⠟ | ⠗ | ⠎ | ⠞ |
| u | v | w | x | y | z | | | | |
| ⠥ | ⠧ | ⠺ | ⠭ | ⠽ | ⠵ | | | | |

| | | | |
|---|---|---|---|
| 로마자표 | ⠴ | 로마자 종료표 | ⠲ |
| 대문자 기호표 | ⠠ | 대문자 단어표 | ⠠⠠ |

국어 문장 안에 로마자가 나올 때에는, 그 앞에는 로마자 표 (⠴ 3-5-6점)를 적고 그 뒤에는 로마자 종료표 (⠲ 2-5-6점)를 적어 나타냅니다.

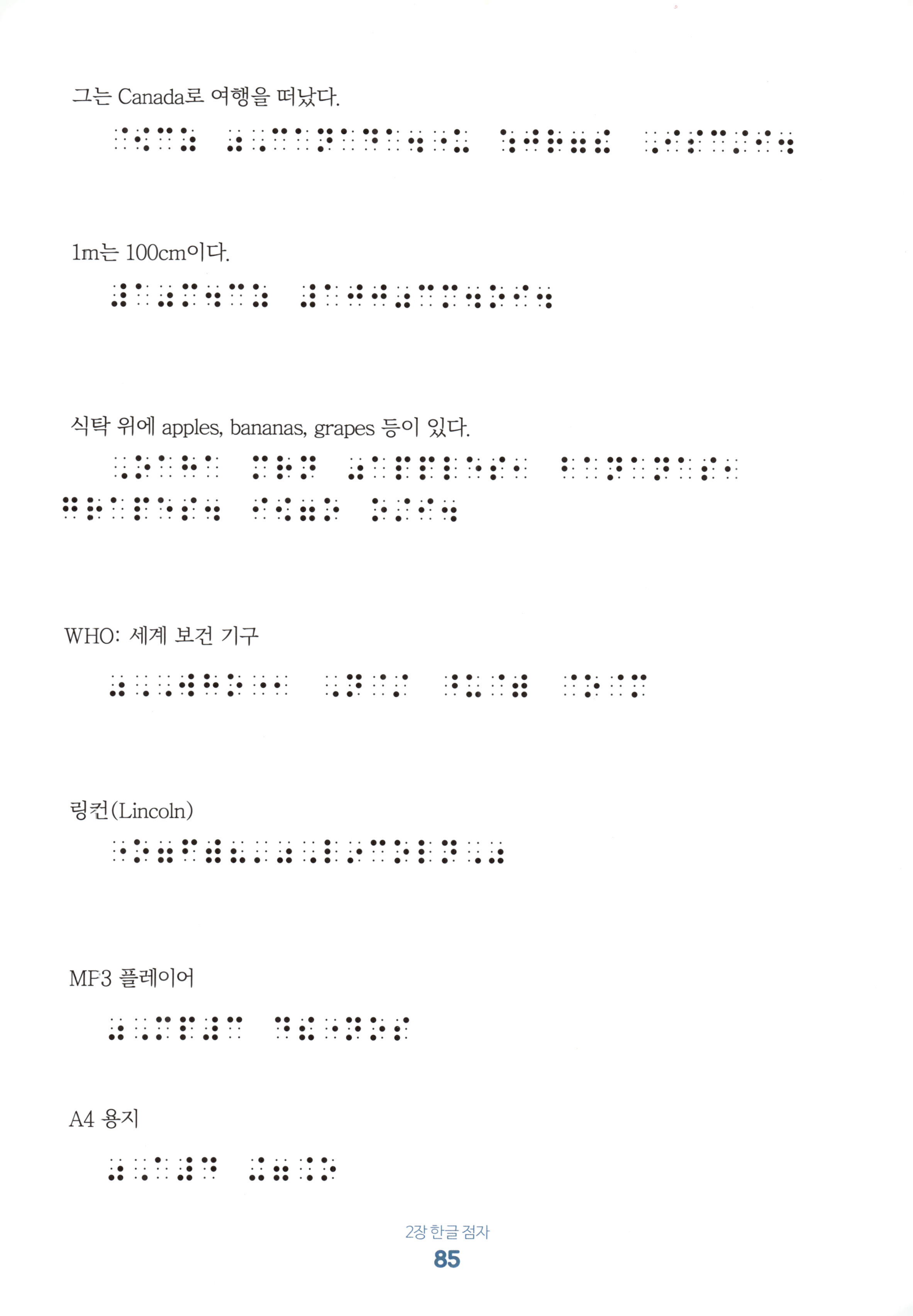

그는 Canada로 여행을 떠났다.

1m는 100cm이다.

식탁 위에 apples, bananas, grapes 등이 있다.

WHO: 세계 보건 기구

링컨(Lincoln)

MP3 플레이어

A4 용지

## 2) 많이 쓰는 단위들

<비로마자 단위 기호>

| | | |
|---|---|---|
| % | 퍼센트 |  |
| %p | 퍼센트 포인트 |  |
| ° | 도 |  |
| ℃ | 섭씨 온도 |  |

로마자가 아닌 단위 기호(%, %p, °, ℃)를 적을 때에는, 그 앞에 단위표 (⠴ 3-5-6점)를 적고 그 뒤에는 한 칸 띄어 씁니다.

5%와 6%의 차이는 1%p다.

직각은 90°이다.

물은 100℃에서 끓는다.

〈로마자 단위 기호〉

| | | |
|---|---|---|
| cm | 센티미터 | ⠴⠉⠍ |
| m | 미터 | ⠴⠍ |
| km | 킬로미터 | ⠴⠅⠍ |
| ㎡ | 제곱미터 | ⠴⠍⠘⠼⠃ |
| ㎥ | 세제곱미터 | ⠴⠍⠘⠼⠉ |
| mL | 밀리리터 | ⠴⠍⠠⠇ |
| L | 리터 | ⠴⠠⠇ |
| g | 그램 | ⠴⠛ |
| kg | 킬로그램 | ⠴⠅⠛ |

로마자로 쓰인 단위 기호를 적을 때에는, 그 앞에 로마자표 (⠴ 3-5-6점)를 적고 그 뒤에 로마자 종료표 (⠲ 2-5-6점)를 씁니다.

100cm는 1m이다.

⠼⠁⠚⠚⠴⠉⠍⠲⠉⠵⠀⠼⠁⠴⠍⠲⠕⠊⠲

1㎡는 0.3평이다.

⠼⠁⠴⠍⠘⠼⠃⠀⠉⠵⠀⠼⠚⠲⠉⠀⠙⠻⠕⠊⠲

1㎥는 1,000L이다.

⠼⠁⠴⠍⠘⠼⠉⠀⠉⠵⠀⠼⠁⠂⠚⠚⠚⠴⠠⠇⠲⠕⠊⠲

1kg은 1,000g이다.

⠼⠁⠴⠅⠛⠲⠵⠀⠼⠁⠂⠚⠚⠚⠴⠛⠲⠕⠊⠲

# 10. 기호

## 1) 숫자와 함께 사용된 기호

| | | |
|---|---|---|
| + | 덧셈표 | ⠢ |
| − | 뺄셈표 | ⠔ |
| × | 곱셈표 | ⠡ |
| ÷ | 나눗셈표 | ⠌⠌ |
| = | 등호 | ⠒⠒ |
| 〈 | 보다 작다 | ⠔⠔ |
| 〉 | 보다 크다 | ⠢⠢ |

| | |
|---|---|
| 37+25 | ⠼⠉⠛⠢⠼⠃⠑ |
| 23−18 | ⠼⠃⠉⠔⠼⠁⠓ |
| 13×3 | ⠼⠁⠉⠡⠼⠉ |
| 72÷8 | ⠼⠛⠃⠌⠌⠼⠓ |
| 32+24=56 | ⠼⠉⠃⠢⠼⠃⠙⠒⠒⠼⠑⠋ |
| 7>5 | ⠼⠛⠢⠢⠼⠑ |
| 6<9 | ⠼⠋⠔⠔⠼⠊ |

## 2) 화폐 기호

| | | | | | | | | |
|---|---|---|---|---|---|---|---|---|
| ₩ | 원 | ⠴⠈⠺ | ¢ | 센트 | ⠴⠈⠉ | $ | 달러 | ⠴⠈⠎ |
| £ | 파운드 | ⠴⠈⠇ | ¥ | 엔 | ⠴⠈⠽ | € | 유로 | ⠴⠈⠑ |

화폐 기호는 3-5-6점(⠴)을 앞세워 적습니다. 화폐 기호 뒤에 한글이 이어 나올 때는 한 칸 띄어 씁니다.

| | |
|---|---|
| ₩100 | ⠴⠈⠺⠼⠁⠚⠚ |
| 100₩ | ⠼⠁⠚⠚⠴⠈⠺ |
| ¢25 | ⠴⠈⠉⠼⠃⠑ |
| 25¢ | ⠼⠃⠑⠴⠈⠉ |
| $50 | ⠴⠈⠎⠼⠑⠚ |
| 50$ | ⠼⠑⠚⠴⠈⠎ |
| £88 | ⠴⠈⠇⠼⠓⠓ |
| 88£ | ⠼⠓⠓⠴⠈⠇ |

원화 기준 1$당 1,083원/100¥ 당 1,328원입니다.

⠀⠀⠏⠒⠚⠧ ⠈⠕⠨⠛ ⠼⠁⠴⠈⠎ ⠊⠶ ⠼⠁⠂⠚⠓⠉⠏⠒⠸⠌
⠼⠁⠚⠚⠴⠈⠽ ⠊⠶ ⠼⠁⠂⠉⠃⠓⠏⠒⠕⠃⠉⠕⠊⠲

평균적으로 3.3㎡는 1평이다. 전용면적 51형 평수는 어떻게 될까?

51÷3.3=15.4545

약 15평이다.

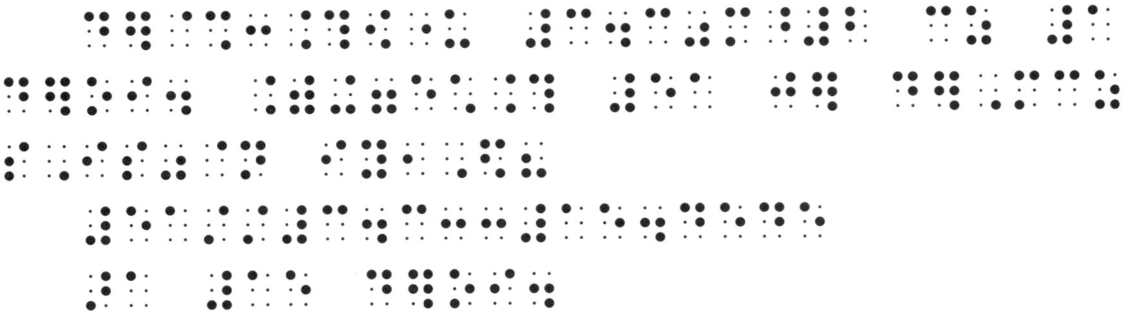

재료: 국간장, 굵은 고춧가루, 다진 마늘, 파 각 1T

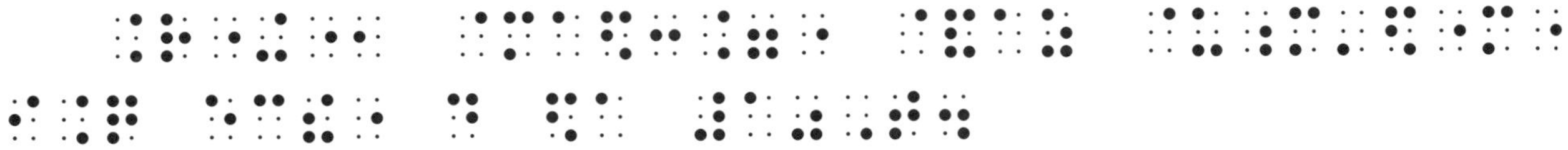

육수 재료: 물 6컵, 멸치 30g, 다시마(10×10cm) 1장, 토막 낸 대파 1/2대, 채 썬 양파 1/4개, 양파껍질 2개분

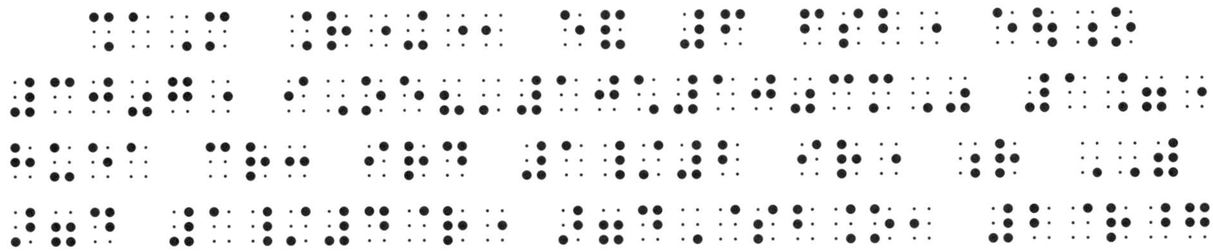

## 11. 문장 연습

‘(반지를) 끼다’는 ‘끼어 → 껴, 끼었다 → 꼈다’와 같이 줄여 쓸 수가 있고, ‘(손가락이) 끼이다’는 ‘끼이어 → 끼여, 껴 → 끼였다’와 같이 줄여 쓸 수가 있는 것입니다.

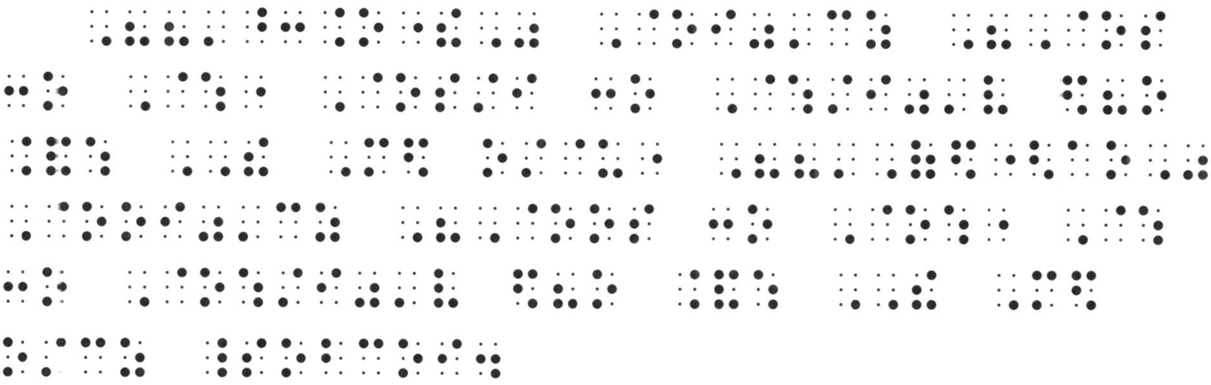

‘ㅈ, ㅊ’ 뒤에서 ‘반모음 ㅣ’ (j)는 발음이 되지 않으므로, ‘던지어, 마치어’ 를 각각 ‘던져, 마쳐’ 로 적기는 하지만 발음은 [던저, 마처]로 실현된다.

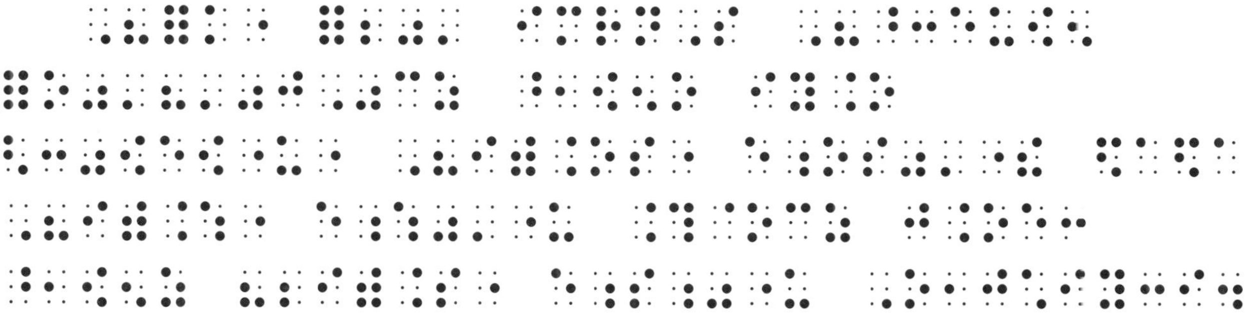

'몇 + 일'의 결합이라면 [면닐]로 발음 나야 하는데 '솜이불'이 [솜니불]로 소리 나고, '들일'이 [들릴]로 소리 나듯이 정작 소리는 [며칠]로 납니다.

① 물품명: 스마트브레일(9행 28칸, 가로 19.5cm, 세로 13cm)

② 입금 계좌: ○○은행 100-230-3190

③ 배송: ××시 ○○구 △△길 12

# 점역교정사 소개

## 12. 점역·교정사의 이해(국가공인민간자격)

### 1) 점역·교정사의 의의

점역·교정사란? 시각장애인이 촉각을 이용하여 도서를 읽을 수 있도록 일반 문자를 점자로 번역하고 교정하는 사람입니다. (한시련, 2024)

점역·교정사는 시각장애인이 문서, 책, 시험지, 안내문 등 다양한 텍스트 자료에 접근할 수 있도록 텍스트 자료를 점자로 번역하는 일을 합니다. 점자로 번역하는 작업은 '**점역**'이라 하며, 주로 비시각장애인 점역사들이 담당합니다. 이렇게 점역된 점자자료의 정확성을 검토하고 교정하는 작업은 '**교정**'이라 하며, 시각장애인 교정사들이 담당합니다. 이 두 과정을 합쳐 점역·교정이라 하며, 점역사와 교정사를 통칭하여 **점역·교정사**라 합니다.

점역·교정사는 점자법, 한국 점자 규정과 같은 표준기준을 준수하여 일관되고 정확한 점자 자료를 제공합니다. 이를 통해 시각장애인들이 표준화된 자료를 이용함으로써 통일된 형식의 점자를 접하여 점자 교육의 효과를 높일 수 있고, 왜곡 없는 정보를 습득하도록 돕습니다.

## 2) 점역·교정사가 중요한 이유

점역·교정사는 시각장애인들에게 점자도서를 제공함으로써 독서의 기회를 제공하는 것뿐만 아니라 시각장애인 학생들이 교과서와 학습 자료를 점자로 접할 수 있게 하여, 비장애인 학생들과 동등한 교육 기회를 누릴 수 있도록 합니다. 이는 비장애인과의 정보 격차 해소와 시각장애인의 학업 성취, 그리고 이후의 직업 선택에 중요한 영향을 미칩니다.

이외에도 자립지원이나 구직활동, 또는 복지에 필요한 정보를 점자로 제공함으로써 시각장애인의 고용 기회를 확대하고 사회 참여를 촉진합니다. 이러한 정보 접근성은 시각장애인들이 독립적으로 업무를 수행하고 사회에서 활발히 활동하는 데 기여합니다. 또한 공공기관에서 발행하는 간행물이나 홍보자료를 제작함으로 시각장애인의 알 권리를 보장합니다.

현대사회는 정보의 홍수가 된 지 오래입니다. 사람들은 정보를 표, 그래프, 사진이나 인포그래픽, 심지어 영상을 통해 접하는 것이 일상이 되었습니다. 이렇듯 과거에 비해 시각자료와 정보의 양은 증가했고 종류 또한 다양해졌습니다.

정보 접근권은 기본적인 권리 중 하나이지만, 이런 상황에서 시각장애인은 정보접근에 취약해질 수 밖에 없습니다. 그러나 점역·교정사는 그림, 도표, 기호, 사진 등과 같은 정보를 올바르게 풀어낼 수 있도록 고민하고, 실행하며 시각장애인들이 비시각장애인과 동등하게 정보를 얻을 수 있도록 합니다. 점역·교정사는 이러한 정보접근권 보장을 통해 시각장애인의 자립과 사회적 인식 개선에 중요한 역할을 함으로써 시각장애인의 삶의 질을 향상시키고 사회에서 고립되지 않도록 돕는 역할을 합니다.

**점역·교정사 취득인원 통계** (단위: 명)

| 급수 | 인원수 |
|---|---|
| 3급 | 1,192 |
| 2급 | 224 |
| 1급 | 209 |

(출처: 한국시각장애인연합회, 2024년 5월 기준)

## 2. 점역·교정사 자격검정시험

점역교정사 자격검정시험은 점역과 교정 능력을 평가하는 시험으로, 한국시각장애인연합회에서 주관합니다. 필기시험과 실기시험으로 구성되며, 점자에 대한 이론적 지식과 실무 능력을 모두 평가합니다. 1년에 2회, 각각 4월과 11월에 시행됩니다. 시각장애인과 비시각장애인 모두 응시 가능하나, 장애 여부에 따라 별도로 시험을 응시하게 됩니다.

### ▶ 점역·교정사 시험정보

- 자격명: 점역·교정사
- 등급: 1급, 2급, 3급
- 자격의 종류: 등록(공인) 민간자격
- 자격발급기관: 사단법인 한국시각장애인연합회
- 검정(응시)료: 1·2급[영어, 수학/과학, 음악, 일본어] 4만원, 3급[국어] 5만원
- 환불규정: 시험시행일 7일전에 통보한 자에 한해 100% 환불

### ▶ 응시자격

- 1급: 2급 자격을 취득한 자로서 영어 과목 응시자 또는 영어 과목 취득자 중 다른 과목 응시자
- 2급: 3급 자격을 취득한 자
- 3급: 제한없음

(영어 과목 자격을 보유하고 있지 않은 자는 영어 제외 다른 과목을 모두 보유하더라도 1급 자격이 주어지지 않음.)

예) 국어, 영어, 수학/과학 자격 취득 → 1급

국어, 영어, 음악 자격 취득 → 1급

국어, 음악, 수학/과학, 일본어 자격 취득 → 2급

### ▶ 시험과목 및 검정방법

- 검정과목: 국어, 영어, 음악, 수학/과학, 중국어, 일본어의 6개 과목으로 구분됩니다.
- 시간: 각 과목당 시험 시간 1시간 20분 (시각장애인의 경우 2시간)
- 점역실기: 묵자를 점자로 옮깁니다.
- 교정실기: 점자로 오기된 부분을 제시하고 바로 잡아 점자로 표기합니다.
- 필기시험: 점자 상식 분야 시험 (국어 과목에만 포함되어있는 과목이며, 종이나 펜을 사용하는 일반 적인 시험이 아닌 오로지 점자 읽기와 쓰기만으로 이루어짐.)

### ▶ 합격기준

- 점역·교정사 자격 검정 시험 합격자 결정은 각 과목당 100점 만점 기준 60점 이상, 각 과목 영역별 100분의 40점 이상 득점한 자를 합격자로 합니다.

* 각 과목당 영역별 배점 기준 상이하니 한국시각장애인연합회 점역·교정사 시험 공고 참조 바람.

### ▶ 시험과목별 채점기준

1) 국어

① 점자상식

– 총 5문항, 문항 당 4점씩 획득

② 점역실기

– 음절 단위로 채점하며 음절 틀릴 때마다 2점씩 감점

– 띄어쓰기를 틀린 경우 1점씩 감점

③ 교정실기

**- 지문 내의 틀린 부분을 제시하고 정답을 쓴 한 문제 당 2점씩 획득**

**- 틀린 부분을 제시하지 않고 정답만 표기하는 경우 점수를 주지 않음.**

**- 틀리지 않은 부분을 제시하는 경우 2점 감점**

(얻은 점수가 감점할 점수와 같거나 부족한 때에는 0점으로 처리)

2) 영어, 일본어

① 점역실기

- 약자 또는 글자, 음절 단위로 채점
- 한 단위 틀릴 때마다 2점씩 감점
- 띄어쓰기를 틀린 경우 1점씩 감점

(각 외국어는 해당 국가의 규정에 준하여 채점)

② 교정실기

- 지문 내의 틀린 부분을 제시하고 정답을 쓴 한 문제 당 2점씩 획득
- 틀린 부분을 제시하지 않고 정답만 표기하는 경우 점수를 주지 않음.
- 틀리지 않은 부분을 제시하는 경우 2점 감점

(얻은 점수가 감점할 점수와 같거나 부족한 때에는 0점으로 처리)

3) 수학/과학

① 점역실기

- 점자 기호 단위 채점
- 한 단위 틀릴 때마다 2점씩 감점
- 띄어쓰기를 틀린 경우 1점씩 감점

② 교정실기

- 식의 표기 오류를 찾아 바르게 고쳐 식의 전체를 완성하여 적는 것으로, 식의 일부분만 표기한 경우에는 0점
- 표기 오류가 있을 경우 1점 감점

(얻은 점수가 감점할 점수와 같거나 부족한 때에는 0점으로 처리)

4) 음악

① 점역실기

- 점자 기호 단위로 채점
- 음표, 음정, 박자, 길표의 오류 시, 2점씩 감점
- 표기 오류나 누락 시 1점씩 감점

② 교정실기

- 선율의 표기 오류를 찾아 바르게 고쳐 완성하는 것으로 일부분만 표기한 경우에는 0점
- 표기 오류가 있을 경우 1점씩 감점
- 오류가 없는 부분의 수정 시 1점 감점

(얻은 점수가 감점할 점수와 같거나 부족할 때에는 0점으로 처리)

**▶ 문의처**

시험 관련 문의사항은 아래 연락처 참고 바랍니다.

- 점역·교정사 홈페이지 https://test.kbuwel.or.kr/Braille/
- TEL: 02)799-1070
- FAX: 02)799-1017
- E-mail: kbutest@hanmail.net
- 주소: (07251) 서울특별시 영등포구 영신로 166, 319호 (영등포동6가, 영등포반도아이비밸리) 점역·교정사 담당자

※ 위의 점역·교정사 자격검정시험 관련 규정은 변경될 가능성이 있으며, 관련 정보는 운영 및 주관기관인 **(사)한국시각장애인연합회**에서 공지합니다.

▶ 시험 팁과 유의점

- 시험 약 3~4주 전 한국시각장애인연합회 점역교정사 홈페이지에 점역·교정사 자격검정시험 시행계획 공고되므로 일정을 미리 확인합니다.
- **원서접수 Tip:** 국어과목의 경우 응시인원 제한이 있어 빠르게 마감되는 편이니, 원서접수 시작일에 바로 접수해야 합니다.
- 원서접수일에 원서접수 후, 담당자 또는 홈페이지의 마이페이지를 통해 접수에 이상이 없는지 확인합니다. (※ 응시료 결제를 해야 최종적으로 접수됨.)
- **한국점자규정 숙지:** 점자법과 관련 표준을 철저히 숙지하는 것이 중요합니다. 규정은 국립국어원에서 고시하는 한국점자규정을 확인합니다.
- **점역소프트웨어의 사용법 숙지**: 비시각장애인의 경우 점역 소프트웨더인 '점사랑'을 통해 점역교정사 시험을 치루게 되며, 점사랑의 사용법을 숙지하여 점역을 연습할 수 있도록 합니다.
- **컴퓨터 활용능력 필요**: 컴퓨터로 시험을 보는 비시각장애인의 경우 미디 시험 전에 고사장에서 준비한 키보드의 상태를 점검해볼 수 있다. 또한 완성된 답안파일을 USB에 저장하여 제출하기 때문에 컴퓨터 사용이 어려운 사람들은 미리 연습해보아도 좋습니다.
- **충분한 점역연습:** 점역과 교정 모두 '점사랑 프로그램'을 통해 점자로 작성해야 하며 문제지 또한 모두 점자로 쓰여있기 때문에 점자읽기와 쓰기 모두 충분한 연습이 필요합니다. 또한 시험 시간 내에 모든 문제를 풀 수 있도록 시간 관리에 신경 써야 합니다. 묵자나 점자 원고에 모르는 부분이나 주의점을 볼펜으로 체크할 수 있으니, 미리 볼펜을 준비하여 시험장에서 사용해도 됩니다.
- **모의고사 활용**: 이전 기출문제를 참고하여 실제 시험과 유사한 환경에서 모의고사를 통해 시험 감각을 익히는 것이 좋습니다다.
- **시험준비물:** 신분증(필수), 볼펜, 독서대(필요하다면 사용할 수 있음).

▶ 다양한 점역 소프트웨어

- **점사랑 2.0(수검용):** 점역교정사 시험 시 사용되는 점역 소프트웨어 프로그램입니다. 수검용이기 때문에 별도의 점역기능은 없으며, 점자 문서 편집 및 저장, 인쇄와 같은 기본적인 기능만 사용 가능합니다.
- **점사랑 5.0:** 국립국어원과 한국시각장애인연합회가 함께 제작한 점역 소프트웨어 프로그램입니다. 점자 문서 편집, 점자 파일 관리, 점자 파일 인쇄, 점역 환경 설정, 점역 기능, 역점역 기능을 제공합니다. 현재 5.0 버전까지 공개되었으며, 이후 업데이트 관련 소식이나 공지사항은 국립국어원 점자 종합정보 누리집에서 확인 가능합니다. 이외에도 설치파일의 제공, 다양한 기능에 대한 안내나 문의사항 또한 누리집 사이트에서 확인 가능합니다. 무료로 제공됩니다.
- **실로암브레일:** 실로암시각장애인복지관에서 제작한 점역 소프트웨어 프로그램입니다. 점자 문서 편집, 점자 파일 관리, 점자 파일 인쇄, 점역 환경 설정, 점역 기능, 역점역 기능을 제공하며, 점역교정 실무에서 많이 활용되는 편입니다. 실로암시각장애인복지관에서 별도로 구입하여 사용할 수 있습니다.
- **하상브레일:** 하상시각장애인복지관에서 제작한 점역 소프트웨어 프로그램입니다. 점자 문서 편집, 점자 파일 관리, 점자 파일 인쇄, 점역 환경 설정, 점역 기능, 역점역 기능을 제공합니다. 무료로 사용가능하며 설치파일은 점자세상 홈페이지의 소프트웨어 자료실에서 확인 가능합니다. 이외에도 별도 점역프로그램 설치 없이 할 수 있는 간단한 점역은 점자세상 홈페이지의 점자배움터-점역프로그램에서 실행해볼 수 있습니다.
- **덕스베리(Duxbury):** 미국에서 널리 사용되는 점역 소프트웨어이며, 한국어 이용자들을 위한 인터페이스를 제공합니다. 주로 영어점역을 위해 많이 사용됩니다. 별도로 구입하여 사용해야 하며, 구입을 위해서는 해당업체로 문의가 필요합니다. (https://www.duxburysystems.com/)

▶ 유관기관 커뮤니티

**한국시각장애인연합회** http://www.kbuwel.or.kr/
점역교정사 자격검정 시험을 주최하고 운영하는 곳으로 시험 공고나 알림, 점역·교정사 기출문제 등을 확인할 수 있습니다.

**국립국어원 점자종합정보 누리집**
https://korean.go.kr/braille/common/greeting.do
점자규정에 대한 안내 및 점역 소프트웨어 '점사랑' 의 설치파일과 사용법에 대해 알 수 있습니다.

**노원시각장애인학습지원센터 온라인점자학교** http://edu.nowonblind.or.kr/
노원시각장애인학습지원센터에서 운영하는 점자 커뮤니티로, 한글점자와 영어점자 관련 무료 강의를 유튜브로 시청할 수 있습니다. 또한 점자일람표, 기출문제와 같은 다양한 학습자료를 제공하여 시각장애인과 비시각장애인 구별없이 손쉬운 점자 공부가 가능합니다.

**점자세상** https://www.braillekorea.org/
하상시각장애인복지관에서 운영하는 점자 커뮤니티로, 각종 온·오프라인 점자교육 및 점자관련 소식을 알 수 있습니다.

※ 전국 시각장애인복지관: 전국 각지의 시각장애인복지관에서 점역교정사 교육 및 훈련을 지원합니다.

# 참고문헌

[2024 개정] 한국 점자 규정/국립국어원

쉽게 배우는 점자 2 2013/한국시각장애인연합회

손으로 읽는 한글 점자/하상장애인복지관

점역·교정사 기출문제집/한국시각장애인연합회

독학으로 익히는 점자

**초판 1쇄 발행** 2020년 7월 7일
**개정 1쇄 발행** 2024년 8월 1일

**지은이** 김두현, 안언진, 신홍규, 주홍식, 이아름, 박민재, 한지원, 이지희

**발행인** 임도영
**표지디자인** 이미연
**디자인 및 편집** 이아름
**펴낸곳** 꼬닥꼬닥협동조합
**출판등록일** 2019년 6월 13일
**주소** 서울특별시 중랑구 망우로 346, 101동 B116호(상봉동, 한일써너스빌아파트)
**대표전화** 02-832-1119
**팩스** 050-4034-2287

**ISBN** 979-11-978492-2-0 03330

파본은 구입하신 서점에서 교환하여 드립니다.


※ 책 값은 뒤표지에 있습니다.